日本語教師のための

アクティブ・ラーニング
Active Learning

横溝紳一郎 ● 山田智久

くろしお出版

はじめに

　アクティブ・ラーニングということばを聞いたことのある方は多いと思います。その一方、「アクティブ・ラーニングって何？」という問いに対して、明確な答えを持っている方は、極端に少ないはずです。アクティブ・ラーニングって、学習者が積極的になること？　それとも、教師のテクニックのこと？　はたまた、教室がにぎやかになること…？　どれも合っていそうですよね。合っていそうだけれど、何か違う気もする。結局アクティブ・ラーニングって何なんだろう…？　このモヤモヤ感こそが、本書のスタート地点でした。

　上記のモヤモヤ感の払拭をめざすところから本書は始まります。第 1 章と第 2 章で、「アクティブ・ラーニングとは何か」といった点を再考し、本書での定義付けをします。続く第 3 章以降では、アクティブ・ラーニングを実現するための授業改善について大きく二つの視点から提言をします。一つ目が第 4 章の「これまで行ってきた方法を調整する方法」で、もう一つが第 5 章の「ICT の活用によって授業そのものを大きく変える方法」です。最後の第 6 章では、日本語教育におけるアクティブ・ラーニングの可能性について論じます。

　第 4 章と第 5 章で紹介するさまざまな方法の中には、読者の方々がすでにご存知であったり、実践なさっていたりするものも少なからずあると思います。その場合は、ご自身の知識や体験知と比較対照していただければと思います。もしご存知でなかったり実践なさったことがないものの場合は、ぜひ「新たな取り組み」として授業改善に生かしていただければと願っています。新たな取り組みから、さまざまな気づきが生まれることで、いつもの授業が変わっていくはずです。その一歩を踏み出すための後押しをすることが本書のねらいです。

　本書の執筆にあたり、たくさんの先生方、学生の力をお借りしました。みなさまの協力なくして本書の刊行は実現しませんでした。この場を借りて厚く御礼申し上げます。

　また、最後まで忍耐強く我々のアイデアを形にして支援し続けてくださった、くろしお出版の坂本麻美氏に心から感謝いたします。

2019 年 4 月
横溝紳一郎・山田智久

目　次

はじめに　i
お読みいただく前に　v

1 アクティブ・ラーニングとは何か？ ……… 1

- **A** アクティブ・ラーニングの定義 …………………………………… 3
- **B** アクティブ・ラーニングが登場してきた社会的背景 …………… 8
- **C** これからの社会に求められる資質・能力 ………………………… 9
- **D** アクティブ・ラーニングに期待されているもの ……………… 14
- **E** 日本語教育にアクティブ・ラーニングは必要なのか ………… 16

2 アクティブ・ラーニングの特徴 ……… 19

- **A** 「学び」とは何か？ ………………………………………………… 21
- **B** アクティブ・ラーニングの三つの視点 ………………………… 24
- **C** 学習の能動性 ………………………………………………………… 32
- **D** アクティブ・ラーニングに対する疑問 ………………………… 34
- **E** アクティブ・ラーニングを引き出す授業 ……………………… 35
- **F** アクティブ・ラーニングと授業規律 …………………………… 37
- **G** アクティブ・ラーニングを引き出す授業と3要素
  （主体的・対話的で深い）の関係 ………………………………… 39

　　column 1　時間の制約がある場合の授業設計 …………………… 41

3 アクティブ・ラーニングを実現するための視点 ……… 43

- **A** 先行研究から見る授業改善の「視点」 ………………………… 45
- **B** 本書における授業改善の「視点」 ……………………………… 50

　　column 2　学校の方針や現行のカリキュラムとどう調整するのか？ ……… 53

4 アクティブ・ラーニングの視点での授業改善
―既存の授業を変える― 55

- A 導入 57
- B 文法説明 63
  - column 3　バックワード・デザイン（逆向き設計）.................. 70
- C 文法練習活動 72
  - column 4　Can-Do リスト 93
- D スピーキングの指導 95
  - column 5　パフォーマンス評価とルーブリック 115
- E ライティングの指導 117
- F リーディングの指導 129
- G リスニングの指導 160
  - column 6　グループ学習と協同学習 172

5 アクティブ・ラーニングの視点での授業改善
―ICT で教室を変える― 175

- A テクノロジーと教室 177
- B オンライン学習のさまざまな形態 179
- C オンラインストレージで教材を共有しよう―Dropbox― 183
- D オンラインでのディスカッションの場を作ろう―lino― 189
  - column 7　最強のパスワード 195
- E メールを使わないで授業報告をしよう―slack― 197
- F オンラインで授業記録を共有しよう―Google スプレッドシート―
  208
- G オンライン練習問題を作ろう①―Google フォーム［基礎編］―
  215

H	オンライン練習問題を作ろう②—Googleフォーム［動画編］— 224
I	オンライン動画を日本語の授業に活用しよう—JMOOC— 228
J	発表をオンラインで共有しよう—発表動画をYouTubeに— 234
K	反転学習教材の作り方—授業動画をYouTubeに— 240

▎column 8　学習者のふり返りを支援するには？（その1） 242

L	発表の文字起こしの負担を減らそう—oTranscribe— 244
M	インタラクティブなコミュニケーションを促進しよう—sli.do— 249
N	オンラインアンケートを作ろう—SurveyMonkey— 259
O	オンラインでリアルタイムに授業をしよう—Zoom— 264

▎column 9　AIは教師の仕事を奪うのか？ 279

6　日本語教育におけるアクティブ・ラーニングの可能性
281

| A | 日本語教師としてできること・すべきこと・やってはいけないこと 283 |
| B | アクティブ・ラーニングを引き出す授業による学習者の変容 287 |

▎column 10　学習者のふり返りを支援するには？（その2） 291

| C | アクティブ・ラーニングを引き出す授業による教師の変容 293 |

おわりに　295
参考文献　297
索引　308

お読みいただく前に

1） **執筆環境**
 ・本書は、次のシステム環境下で書かれています。

　　　OS：Windows 10 Professional（64bit）
　　　オフィスソフト：Microsoft Office Professional 2016
　　　Web ブラウザ：Google Chrome（バージョン 71.0）（64 ビット）

 ・本書は Windows ユーザーを対象として執筆されていますが、OS に依存しない授業活動や Web サービスなどは、Mac を使用して行うことも可能です。
 ・本書の説明は、Windows の更新ファイルが最新の状態であることを前提としています。必ず Windows Update の更新を行い、Windows を最新の状態に保つようにしてください。

2） **操作説明**
 ・〔　　〕：パソコンのソフトや設定画面、キーボードでの表示を意味しています。〔F7〕であれば、キーボードの F7 を、〔プロパティ〕であれば、設定画面のプロパティを意味しています。
 ・Google 検索→「くろしお」：「Google 検索で、くろしおと入力して検索してください」という意味です。
 ・ソフトのインストールでは、パソコンのもとの設定を変えない最小限のインストール方法を推奨しています（例：デスクトップにアイコンを作らない／対象ソフト以外のものをインストールしない）。
 ・本書で紹介する Web サービスの中には、Google や Facebook のアカウントでログインが可能なものもあります。Google や Facebook のアカウントでログインする際には、これらの Web サイトから使用する Web サービスに個人情報が譲渡されることを理解した上でログインするかどうかを決めてください。筆者らは、リスクと手間を天秤にかけ、多少の手間はかかっても使用する Web サイトごとにアカウントを作るようにしています。

3) 免責事項

- 本書の内容および URL 等は、執筆時点（2019 年 4 月）においてのものであり、予告なく内容が変更されることがあります。
- システム環境、ハードウェア環境によっては、本書通りの説明および動作結果とならない場合がありますことをご了承ください。特に、操作手順を紹介する第 5 章でのスクリーンショット画面は、お使いのパソコン機種や Web ブラウザによっては本書と異なることが多いことをご理解ください。もしも異なる場合は、本書の一連の操作手順を最後まで読んでからお試しください。
- ソフトのインストールや設定変更によるいかなる損害についても、筆者およびくろしお出版は、責任を負いかねます。

　本書に記載されている会社名、商品名はそれぞれ各社の商標および登録商標です。なお、本文中での表記は省略します。

アクティブ・ラーニングとは何か？

最近、多くの教育現場で「アクティブ・ラーニング」ということばを目にする機会が増えました。現在では、大学だけでなく高校や中学校や小学校でもマジックワードのように浸透しだしてきています。書店の教育コーナーに行けば、「アクティブ・ラーニングで授業を変えよう！」といった類いの書籍が多数目につきます。その一方で、「アクティブ・ラーニングって何？」といった素朴かつ基本的な疑問をお持ちの方も多いのではないでしょうか。筆者らも同じでした。そこで、本書は、「アクティブ・ラーニングって何？」という基本的な問いから始めたいと思います。

A　アクティブ・ラーニングの定義

「アクティブ・ラーニング（Active Learning）」ということばが、日本国内のいろいろなところで取り上げられるようになったきっかけは、2012年8月28日の中央教育審議会の答申[1]でした。以下に引用します。

> 生涯にわたって学び続ける力、主体的に考える力を持った人材は、学生からみて受動的な教育の場では育成することができない。従来のような知識の伝達・注入を中心とした授業から、教員と学生が意思疎通を図りつつ、一緒になって切磋琢磨し、相互に刺激を与えながら知的に成長する場を創り、学生が主体的に問題を発見し解を見いだしていく能動的学修（アクティブ・ラーニング）への転換が必要である。すなわち個々の学生の認知的、倫理的、社会的能力を引き出し、それを鍛えるディスカッションやディベートといった双方向の講義、演習、実験、実習や実技等を中心とした授業への転換によって、学生の主体的な学修を促す質の高い学士課程教育を進めることが求められる。(p.9)

すなわち、「日本国内の大学教育は一斉講義型であり、それでは、これからの社会に求められる資質・能力を育成できない。その改革のためには、アクティブ・ラーニングへの変換が必要である」と中央教育審議会が意見を述べたわけです。このことにより、アクティブ・ラーニングが注目されるようになり、その後すぐに初等中等教育でも話題に上るようになりました。

これまでのアクティブ・ラーニングの定義をいくつか見てみましょう。

- ◆学生を巻き込んだ、学生自身が活動し、その活動自体について思考する取り組みのすべて（Bonwell & Eison 1991）
- ◆授業において、学生が単に「見たり」「聞いたり」「ノートをとったりする」以上の活動をするようにデザインされた教授内容に関係することすべて（Felder & Brent 2009）

---

[1] 文部科学省『新たな未来を築くための大学教育の質的転換に向けて―生涯学び続け、主体的に考える力を育成する大学へ―（答申）』<http://www.mext.go.jp/component/b_menu/shingi/toushin/__icsFiles/afieldfile/2012/10/04/1325048_1.pdf>

◆教員による一方的な講義形式の教育とは異なり、学習者の能動的な学習への参加を取り入れた教授・学習法の総称（中央教育審議会 2012）

これらの定義から、アクティブ・ラーニングが「能動的な学習の総称」であり「大変広い概念」であると、栗田（2017: 11）は述べています[2]。

溝上（2014: 7）は、アクティブ・ラーニングが「能動的な学習」を包括的に表す用語であることを認めた上で、「学習者がどのように能動的に学習に参加するのか」に関して、より具体的な説明を定義に加えています[3]。

◆一方的な知識伝達型講義を聴くという（受動的）学習を乗り越える意味での、あらゆる能動的な学習のこと。能動的な学習には、書く・話す・発表するなどの活動への関与と、そこで生じる認知プロセスの外化を伴う。

本書の執筆時点では、溝上による上記の定義が、日本国内で一番よく引用される学術的な定義となっています。それには、以下のような理由が考えられます。

・以下の条件がそろっているものを「アクティブ・ラーニング」と言い、そうでないものは「アクティブ・ラーニング」ではないと、断言しやすい。すなわち、「アクティブ・ラーニング」かどうかの基準として機能しやすい。
　（条件1）書く・話す・発表する等の活動を学習者が行っていること
　（条件2）その時に頭の中で起こっている情報処理プロセス（記憶・論理的思考・推論など）を、学習者が頭の外に出してみること（発話・メモ・文章・図式化・ジェスチャーなどによる）[4]
・あらゆる能動的な学習というかなり広い定義であることにより、「ちょっとした工夫で、授業をアクティブにできる」というメッセージが、実践者である教師に伝わりやすい。
・2017 年 2 月 14 日に出された学習指導要領改訂案から「アクティブ・ラーニング」という用語が削除されたため、「アクティブ・ラーニングとは何

2　栗田（2017）『インタラクティブ・ティーチング―アクティブ・ラーニングを促す授業づくり―』河合出版
3　溝上（2014）『アクティブラーニングと教授学習パラダイムの転換』東信堂
4　上山（2016a）『授業が変わる！英語教師のためのアクティブ・ラーニングガイドブック』明治図書、p.9.

か」についての関心が減少し、定義に関する議論が行われなくなった。人々の関心は「主体的・対話的で深い学びとは何か」へと移った。

　筆者（横溝）は、溝上の定義にとても魅力を感じます。それはおそらく、溝上が「ちょっとした工夫で、授業がアクティブになる」と考えていて（溝上 2014: 11-12）、この定義に「「一歩踏み出しませんか！」「まずは無理せずできるところから始めましょう！」というメッセージが込められている」（成田 2016: 5）からでしょう。また、溝上の定義の後半部分、すなわち「能動的な学習には、書く・話す・発表するなどの活動への関与と、そこで生じる認知プロセスの外化を伴う」には、ワンウェイの講義形式の授業から脱却すべきという強い意志が感じられます。

　　生徒・学生がどれだけ理解し、どれだけ出来る様になっているかを掴みながら授業を進めるなら、生徒・学生に書かせたり、話をさせたり、発表させたりして、その理解を確かめなければならない。しかし、ワンウェイの講義では、こうした理解の確認をスルーして、わかっているはずとして授業が進められている。（中略）要は、生徒・学生の学びに即して授業のあり方を捉え返そうということである。（成田 2016: 7）

　上掲の主張に、筆者（横溝）は強く賛同します。と同時に、溝上（2014: 7）の定義をそのまま、日本語教育分野に持ってくることに関しては、違和感を持っています。それはきっと、溝上が乗り越えなければならないとしている「一方的な知識伝達型講義」自体が、日本語教育の現場では少ないからだと思います。それゆえ、前半部分の「一方的な知識伝達型講義を聴くという（受動的）学習を乗り越える」や、後半部分の「能動的な学習には、書く・話す・発表するなどの活動への関与と、そこで生じる認知プロセスの外化を伴う」は、日本語教育分野での定義にはなじまないのではないか、と考えます。

　それでは、「一方的な知識伝達型講義」が少ない日本語教育分野におけるアクティブ・ラーニングは、どのように定義すれば良いのでしょうか。一番の近接分野である英語教育分野（国内）での、最近のアクティブ・ラーニングに関する先行研究を調査してみると、アクティブ・ラーニングの定義を追究するものはほとんどありません。「主体的・対話的で深い学び」とは何かを探究することで、アクティブ・ラーニングの特徴を明らかにし、それを引き出す具体的方法に言及し

ているものがほとんどです。それはきっと、上述のように、学習指導要領改訂案から「アクティブ・ラーニング」という用語が削除されたため、人々の関心が「主体的・対話的で深い学びとは何か」へと移ったからでしょう。つまり、英語教育の分野では（おそらく他の教科も同様かと思います）、アクティブ・ラーニングの定義が揺れたまま、現在に至っているのです。

　そんな中、中嶋編（2017）は、学習者の脳で何が起きているかに注目し、「アクティブ・ラーニング」の「アクティブ」に、「能動的」ではなく、脳が働くという意味の「脳働的」という漢字を当てています[5]。同様に、無藤（2015: 25）も、アクティブ・ラーニングにおける脳の働きに注目しています[6]。

　　　アクティブ・ラーニングでは体を動かす以上に、精神を活発に能動的にすることである。それは、その前に型があり、それができた後で精神を活性化することで可能にするのではない。頭を使う営みと型、また手立ての形成は常に連動して進むものである。学習者が本気で考えること、それを授業の中に導入することが必要なのである。

「脳の働きに注目しよう」というスタンスは、「アクティブ・ラーニングを「頭（mind）がアクティブに関与していること」」（松下編 2015: 18）とした、バークレー（Barkley, E. F.）の定義と一致しています。こちらのスタンスのほうが、文型導入、文法説明、機械的ドリル活動、ロール・プレイ、ペアワーク等、さまざまな授業形態に対応可能ですので、日本語教育分野になじみやすそうです。そこで、溝上の定義で残った部分、すなわち「あらゆる能動的な学習のこと」に上掲の議論を加えることで、以下のような定義が考えられます。

　　　脳が活発に働くことで生まれる、あらゆる学習の総称

　また、学習者の頭の中にアクティブ・ラーニングを実現しようとする教師には、「目の前にいる学習者の学びをどう促すか」について、さまざまな角度から考え試行錯誤することが求められます（栗田 2017: 12）。このことは、「「学びの

5　中嶋編（2017）『「プロ教師」に学ぶ真のアクティブ・ラーニング—"脳働"的な英語学習のすすめ—』開隆堂

6　無藤（2015）「優れた教師の実践から学ぶアクティブ・ラーニングの在り方」教育課程研究会編著『「アクティブ・ラーニング」を考える』東洋館出版社, pp.20-25.

主体」である学習者の学びが成立するように考えるべきこと」（横溝 2011: 21）とも一致しています。

- どうしたら学習者が学びやすいか。
- どういうことばを使ったら、学習者が分かりやすいか。
- どういう質問をしたら、学習者は考えやすいか。
- どういうふうに接したら、学習者は受け入れてくれるか。

　このような捉え方をすれば、「アクティブ・ラーニングは、授業改善のきっかけとなり、教師としての成長につながる」とも言えるでしょうし、このことは筆者らが強調したい点でもあります。
　以上の議論を踏まえて、本書では、上掲の定義に「授業改善のきっかけ」「教師としての成長」を付加する形で、以下のように、アクティブ・ラーニングを定義したいと思います。

　［アクティブ・ラーニングとは］
　　◆脳が活発に働くことで生まれる、あらゆる学習の総称。
　　◆その実現をめざすことが、授業改善のきっかけとなり、教師としての成長につながる。

B　アクティブ・ラーニングが登場してきた社会的背景

　近世以降の社会構造は、「農業社会→産業社会→知識基盤社会」へと変化し、これにより、求められる人材も変わってきました。農業社会では、安定した収穫を得るために、身の回りで生じるさまざまな出来事に注意を払う、しっかり考えながら、より良い在り方を求めて工夫し続ける、相互に協力して日々の生活や仕事の改善・創造に当たったりすることが求められていました。その後訪れた、工業による生産を中心とした産業社会では、天候や自然災害の影響を受けにくく、安定したものの生産が可能になったため、機械のような単純作業を、淡々とこなすことができる人材が必要とされるようになりました。そして現在は、知識基盤社会です。デジタル技術や人工知能やロボット等の技術が進歩し、その技術を生かした情報機器（パソコン・スマホ・タブレット等）の普及によって、知りたい情報は、いつでもどこでも、それらの情報機器を開くだけで、あっという間に得られます。そんな知識基盤社会では、たくさんの情報の中から自分に本当に必要な情報を的確に選び出し、手に入れた情報が正しいかどうか／信頼できるかどうかを正確に判断できる人材、そして、吟味した情報を組み合わせ、自分なりに意味づけをして、相手に合った方法で表現できる人材が求められています（奈須 2017: 84-103）。

　求められる人材の変化は当然、それを輩出する教育にも大きな影響を与えます。すなわち、産業社会では、与えられた仕事をきっちりとこなせる人を育成することに、教育の主な目的が置かれました。その後の情報量が増えてきた戦後の高度成長期では、「「正解のある問題」に対応するための「決められた解き方」を覚えて、「与えられた問題」にそれを適用して、「いち早く正解を導き出す」」（藤井 2016: 26）という「情報処理能力を学力として発達させる」教育が促進されました。このような教育を続けていては、知識基盤社会に対応できる人材の輩出は非常に困難であり、この状況を打開する方策としてアクティブ・ラーニングが提唱されたのです。では、「これからの社会に求められる資質・能力」とはどのようなものなのか、具体的に考えてみます。

C これからの社会に求められる資質・能力

　知識基盤社会における教育は、「習得した知識・技能を自在に活用して質の高い問題解決を成し遂げ、よりよい人生を送ることができるところまでを視野に入れる必要」（奈須 2017: 36）があります。この観点から、育成すべき「資質・能力」をまずは明確化して、それに基づきカリキュラムを編成し、授業をデザインしようという取り組みが、世界的に行われてきました。大杉（2017: 21-22）は、この取り組みについて、以下のように述べています[1]。

> 　欧米をはじめオーストラリア、ニュージーランド、シンガポールなど多くの先進国のカリキュラム編成は、コンテンツベース（何を教えるか＝内容中心）のカリキュラムをコンピテンシーベース（どのような力を身に付けるか＝能力中心）へとシフトさせている点に特徴がある。コンテンツベースのカリキュラム編成は、身に付けさせるべき内容を先に設定し、それに対応した能力の育成を考えるという、内容主導で能力を従属させるカリキュラムである。我が国においても、これまで学習指導要領はどの内容を児童生徒に学ばせるのかということに力点が置かれて編成されていたと言えよう。一方、コンピテンシーベースのカリキュラム編成では、育成すべき能力を先に設定し、そのために必要な内容を選択・配置するという、能力主導で内容を従属させるプログラムである。

　資質・能力の明確化の取り組みは、国内外でなされてきました。ここでは、海外での取り組みとして、OECD（経済協力開発機構）による「キー・コンピテンシー（Key Competencies）」を、国内での取り組みとして、文部科学省による「資質・能力の三つの柱」を紹介します[2]。

1　大杉（2017）『アクティブ・ラーニング　授業改革のマスターキー』明治図書
2　他には、国際的なものとして、国際団体 ATC21S（Assessment and Teaching of 21st Century Skills）による「21世紀型スキル」がある。日本国内では、「人間力」（内閣府）、「就職基礎能力」（厚生労働省）、「社会人基礎力」（経済産業省）、「学士力」（文部科学省）、「21世紀型能力」（国立教育政策研究所）等がある。これらについてさらに詳しくは、溝上（2014）、小林（2015, 2016a, 2017b）、松下編（2015）、山本（2015, 2016a, 2016b）西川（2016a, 2016b, 2016c）、上山（2016a）、田村（2016a, 2016b）、奈須（2016）、藤井（2016）、大杉（2017）、前田（2017）、柳沢（2018）等を参照。

1. キー・コンピテンシー

2003年末に、OECD（経済協力開発機構）のPISA（国際学習到達度調査）の結果が発表され、日本の子どもの学力低下に対する懸念が広まったことは、記憶にまだ新しいことでしょう。この結果を受けて、中央教育審議会は、PISA調査の枠組み、すなわち「国際的にどのような能力が求められているのか」に注目するようになりました。

PISA調査の基本概念は、OECDによる『コンピテンシーの定義と選択―その理論的・概念的基礎―』(Definition and Selection of Competencies: Theoretical and Conceptual Foundations; DeSeCo) に基づいています（田中 2016: 26-27）。「コンピテンシー」とは「断片化された知識や技能ではなく、その人の全体的な資質や能力を示す」（前田 2017: 42）用語です。日常生活のあらゆる場面で必要とされるコンピテンシーの中から、「人生の成功と正常に機能する社会（持続可能な発展：Sustainable Development）のために、どのような能力が必要になるのか」という観点で、OECDによって定められたのが、「キー・コンピテンシー（Key Competencies）」です。キー・コンピテンシーは、大きく三つに分けられます。

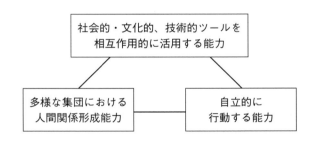

OECDによる、三つのキー・コンピテンシー

三つのキー・コンピテンシーの構成要素は、以下の通りです[3]。

(1) 社会・文化的、技術的ツールを相互作用的に活用する能力
    a. 言語、シンボル、テクストを活用する能力
    b. 知識や情報を活用する能力

3　文部科学省『OECDにおける「キー・コンピテンシー」について』<http://www.mext.go.jp/b_menu/shingi/chukyo/chukyo3/039/siryo/attach/1402980.htm>

　　　　c. テクノロジーを活用する能力
　（2）多様な集団における人間関係形成能力
　　　　a. 他人と円滑に人間関係を構築する能力
　　　　b. 協調する能力
　　　　c. 利害の対立を御し、解決する能力
　（3）自立的に行動する能力
　　　　a. 大局的に行動する能力
　　　　b. 人生設計や個人の計画を作り実行する能力
　　　　c. 権利、利害、責任、限界、ニーズを表明する能力

　このキー・コンピテンシーの概念は、欧州やオセアニアなどの諸国の教育政策に影響を与えています。たとえば、ニュージーランドでは、キー・コンピテンシーを中心に据えたカリキュラムが策定されています。

2. 資質・能力の「三つの柱」

　2017年度の学習指導要領の改訂をどのように行うのかに関する議論の中で、2015年8月に「論点整理」という形で、教育によって育成すべき資質・能力が提示されました。その決定過程では、以下の点が重視されました[4]。

> 我が国の児童生徒の実態を踏まえると、受け身でなく、主体性を持って学ぶ力を育てることが重要であり、リーダーシップ、企画力・創造力、意欲や志なども重視すべき。人としての思いやりや優しさ、感性などの人間性も重要。

　求められる資質・能力として提示されたのは、以下の「三つの柱」です。

（1）何を知っているか、何ができるか（個別の知識・技能）
（2）知っていること・できることをどう使うか（思考力・判断力・表現力等）
（3）どのように社会・世界と関わり、よりよい人生を送るか（学びに向かう

---

[4] 文部科学省『次期学習指導要領等に向けたこれまでの審議のまとめ　補足資料（1）』（2016年8月26日）<http://www.mext.go.jp/component/b_menu/shingi/toushin/__icsFiles/afieldfile/2016/09/09/1377021_4_1.pdf>

力、人間性など）

　前田（2017: 43-44）は、「三つの柱」に関して、それぞれ以下のような説明をしています[5]。

（1）何を知っているか、何ができるか（個別の知識・技能）
　　　各教科に関する個別な知識や技能。基礎的・基本的な知識を着実に身につけながら、定着を図ることが求められている。
（2）知っていること・できることをどう使うか（思考力・判断力・表現力等）
　　　協働的な問題解決に必要な思考力・判断力・表現力を指す。既存の知識に加え、必要となる新たな知識・技能を獲得し、それらを活用しながら問題を解決していく力。また、必要な情報を選択して解決に向けて判断する力や、相手や状況に応じて表現する力も含まれる。
（3）どのように社会・世界と関わり、よりよい人生を送るか（学びに向かう力、人間性など）
　　　主体的に学習に取り組む態度も含めた学びに向かう力や、自己の感情や行動を統制する力、自らの思考のプロセス等を客観的に捉える力。協働する力や持続可能な社会づくりに向けた態度、リーダーシップやチームワーク、感性・優しさや思いやりなど、人間性に関するものも含まれる。

　これら三つを、「育成すべき資質・能力」という観点から図にまとめると、以下のようになります。

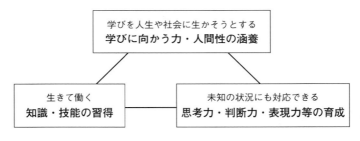

文部科学省による、教育によって育成すべき資質・能力

5　前田（2017）『マンガで知る教師の学び 2―アクティブ・ラーニングとは何か―』さくら社

学習者に求められる三つの資質・能力と、教育によって育成すべき資質・能力は、以下のように対応しています。

「学習者に求められる資質」と「教育によって育成すべき資質・能力」の対応

	学習者に求められる資質	教育によって育成すべき資質・能力
① 基礎的リテラシー	何を知っているか、何ができるか（個別の知識・技能）	生きて働く知識・技能の習得
② 認知スキル	知っていること・できることをどう使うか（思考力・判断力・表現力等）	未知の状況にも対応できる思考力・判断力・表現力等の育成
③ 社会スキル	どのように社会・世界と関わり、よりよい人生を送るか（学びに向かう力、人間性など）	学びを人生や社会に生かそうとする、学びに向かう力・人間性の涵養

　キー・コンピテンシーの概念がさまざまな国の教育政策に影響を与えたのと同様に、資質・能力の「三つの柱」の概念に基づき、学習指導要領が改訂されました（幼稚園・小学校・中学校は2017年、高等学校は2018年）。

D　アクティブ・ラーニングに期待されているもの

　ここまで、アクティブ・ラーニングが提唱されるようになった社会的背景と、これからの社会で求められる資質・能力の明確化について見てきましたが、上山（2016a: 11）は、これらのこととアクティブ・ラーニングの関係について、以下のように簡潔にまとめています。

(1) 時代（社会・経済活動）が大きく変化している。
　　工場で働く「工業社会」から、情報や知識が重視される「情報（知識基盤）社会」へ。
(2) これからの時代で活躍するための「資質・能力」を育てたい。
　　たとえば「課題解決」「協働」「価値の創造」「リーダーシップ」（「知識・技能」だけでない）。
(3)「資質・能力」を育てるには座学より活動を伴うアクティブ・ラーニングが有効。
　　「知識・技能」を教える授業から、加えて「資質・能力」を育てる授業に意識をチェンジ。アクティブ・ラーニングなしに汎用的な資質・能力を身につけることは難しい。

　大杉（2017: 33-34）による次の図は、それをまとめたものです。

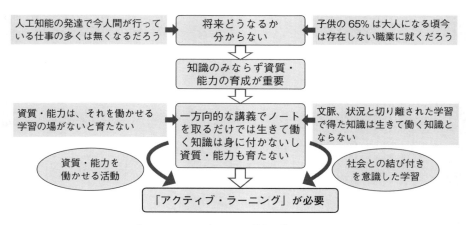

アクティブ・ラーニングという「学び」が必要となる理由

上山（2016a）や大杉（2017）が指摘するように、アクティブ・ラーニングが期待される理由として、大きく変化する将来への不安から、知識・技能だけではなく、課題解決能力などを含む資質・能力を育てるための「学び」が求められている背景があることが分かります。
　このように、アクティブ・ラーニングには、大きな期待が寄せられていると言えるでしょう。

E　日本語教育にアクティブ・ラーニングは必要なのか

　「アクティブ・ラーニングに期待されているもの」については、前述の通りですが、日本語教育の現場で同様の期待をすることができるのか、考えてみましょう。「日本語学習者が生きていくこれからの社会は、知識基盤社会であり、資質・能力を働かせる活動や社会との結びつきを意識した学習が必要」であることは、疑う余地のないことでしょう。であれば、「日本語教育にも、アクティブ・ラーニングが絶対必要！」とすぐに結論づけたいのですが、そんなにスッキリいかない気もします。それはきっと、たとえば「新出単語を覚えることを目的とした教室活動などで、『伸ばしたスキルを社会と結びつける』方法がイメージできないから」等の理由ではないでしょうか。確かに、基本的な知識やスキルを習得している段階と、より高いレベルの学びが生じている段階との間には、大きなギャップがあり、そのギャップを授業で埋めることはたやすいことではなさそうです。このモヤモヤへの回答として、上山（2016a: 22）は、三つのタイプのアクティブ・ラーニングを提唱しています。

　　習得型アクティブ・ラーニング
　　　　学んだ知識・技能を、教師主導で易しめのレベルで活用させるタイプ
　　活用型アクティブ・ラーニング
　　　　やや難易度が高く、（教師がヒントを与えたりする）半誘導的な形で、学んだ知識・技能を活用させるタイプ
　　探究型アクティブ・ラーニング
　　　　完全に学習者主体で、自ら問いを立て、その解決に知識・技能を総合的に活用させるタイプ

　このような形で段階的に捉えることができれば、習得型→活用型→探究型という流れで、少しずつ「伸ばしたスキルを社会と結びつける」ことも可能になりそうです。
　また、「アクティブ・ラーニングを実現することで、日本語学習者にとっていいことはあるのか」という、日本語教師としてはどうしても知りたい根本的な疑問から出てくるモヤモヤもあるように思います。これに関しては、第6章で詳し

く述べますが、筆者らは（1）日本語能力、（2）学習意欲、（3）自己調整学習能力、の三つの点で、アクティブ・ラーニングはプラスに働くと考えています。そしてまた、アクティブ・ラーニングの実現へのチャレンジは、日本語教師としての成長につながるとも考えています。

　こういった理由で、筆者らは「日本語教育にも、アクティブ・ラーニングは必要！」と強く思っています（でなければ、本書の執筆をしたりしません）。

　次章では、「アクティブ・ラーニングとは何か」をより深く理解するために、その特徴を見ていきましょう。

アクティブ・ラーニングの特徴

第1章で引用した2012年8月28日付の中央教育審議会の答申の中に、こんな文言がありました。

> 　すなわち個々の学生の認知的、倫理的、社会的能力を引き出し、それを鍛えるディスカッションやディベートといった双方向の講義、演習、実験、実習や実技等を中心とした授業への転換によって、学生の主体的な学修を促す質の高い学士課程教育を進めることが求められる。(p.9)

　この文言が入っていることで、「アクティブ・ラーニングとは、ディスカッションやディベートをすること」といった誤解が、教育関係者の一部で生じたようです。その後、2017年2月14日に出された学習指導要領改訂案では、それまであった「アクティブ・ラーニング」という用語が削除されていました。代わりに用いられているのが、「主体的・対話的で深い学び」という用語です。本章で、「主体的」「対話的」「深い」というキーワードごとに、どのような学びが想定されているのかを見ていきますが、まず、そもそも「学び」とは何かについて考えてみたいと思います。

A 「学び」とは何か？

「『学ぶ』とは何ですか？　定義してみてください」と言われ、即答できる教育関係者はそれほど多くないように思います。それにも関わらず、「学習者はこの授業で何を学べるのか／学んだのか？」等といった議論がなされることが多いのではないでしょうか。アクティブ・ラーニングの特徴を表す「主体的・対話的で深い学び」にも、「学び」という用語が使われていますので、それが何を指すのかを、まずは明らかにすることを試みたいと思います。

教育学者の佐伯胖氏は、「日常生活での『学び』と、学校生活での『勉強』には大きな違いがある」という考えの下、「学ぶ」には以下の特徴があると主張しています（佐伯 2003: 275-279）。

- 何をどう学ぶかは、本人がきめる。教師によって決められるものではない。
- 「学んだ」ことが正しいかどうかは、試行錯誤の結果、本人が納得するかどうかによって決まる。教師によって決められるものではない。
- 学んだ内容は発展途上であり、本人が問い直しを続けるものである。教師が与えた知識をそのまま記憶し続けるものではない。

認知科学者の今井むつみ氏は、子どもの母語習得をもとに、「学び」には以下の特徴があると主張しています（今井 2016: 148-149）。

- 「学ぶ」ことは、ただ「暗記」することではない。
- これまで構築してきた知識のシステムの中に、新たな知識が入ることによって、システム自体がダイナミックに変動する。それが「生きた知識」である。
- 学校は「知識を覚える場」ではなく、持っている知識を様々な分野でどんどん使い、それによって、新しい知識を自分で発見し、得ていく場となるべきである。

佐伯と今井は「学んだ内容は発展途上であり、本人が問い直しを続けるものである。教師が与えた知識をそのまま記憶し続けるものではない」という点で一致

しています。この共通点は、「知識は誰かから与えられるものではなく、一人ひとりがそれまでに持っている知識や体験をベースにしながら、新しい体験をしたり、新しい情報や異なる考え方に出合うことを通じて、自らの知識をつくりだすものである」（吉田 2006: 39）という「構成主義的な学習観」につながるものです。構成主義的な学習観を支持する藤井（2016: 29-30）は、「学習」との比較対照によって「学び」の特徴を明らかにしようとしています[1]。

> このように「学習」とは、子どもたちの生活の中で、明瞭に区切り取られた時間の中で行われる活動なのです。「学習」は、厳密で限定的な意味で言えば、生活の文脈から切り離されて実施される活動だと言えます。ですから、突き詰めて言えば、「学習」は、物理や化学の実験室のように外界の多様な影響から遮断され、真空のような統制された条件の下で行われなければなりません。そうであるならば、どのような「学習」指導が効果あるのかについて、「客観的」なデータを得ることができるでしょう。（中略）
> 一方、「学ぶ」こと、あるいは「学び」について、自分の生活の仕方が変わったという意識を伴う活動であり、「それまでとは違った構え方で生活できるようになった自分」というアイデンティティの変化を伴う活動であるという意味で捉えることができます。
> すなわち、「学び」とは、知識や技能の習得とその活用の能力の獲得によって、子ども自身が自分の生活の仕方、すなわち、生き方に対する構えがそれまでよりも豊かになったと感じられる活動であり、また、より意欲と自信を持って生きている自分になったと感じられる活動なのです。子どもが学習活動と自分の生き方やアイデンティティの形成との関連を見出すとき、子どもはその学習活動に自分にとっての意義を感じることができます。

藤井は、「学習」との比較対照で、「学ぶ」の特徴を捉えようとしているのですが、前田（2016: 19-25）は、「習う」との比較対照を試みています[2]。

［習う］
・「習う」場合は、身につける内容が先にある。

1 　藤井（2016）『アクティブ・ラーニング授業実践の原理―迷わないための視点・基盤・環境―』明治図書
2 　前田（2016）『マンガで知る教師の学び―これからの学校教育を担うために―』さくら社

- 「習う」時は、教える人の存在がある。
- 「人の生き方から学ぶ」と言うことはあっても、「人の生き方から習う」とは言わない。

［学ぶ］
- 「学ぶ」場合は、身につける内容は、学ぶ本人次第。

その上で前田は、以下の定義を提唱しています。

　　「学ぶ」とは、「何かに気づき、自分が変わること」

　藤井が「学びには、意識の変化が伴う」と主張しているのに対し、前田は「自分が変わること」とより大きめの捉え方をしています。前田による「学ぶ＝何かに気づき、自分が変わること」という定義は、非常にシンプルではあるものの、「学ぶ」を概念として捉えるのに適していると思われます。以下が、その理由です。

- 理由その1
  「何かに気づく」のは、本人次第である。同じ状況に置かれても、気づく人と気づかない人がいる。そして、人によって気づく部分が異なっている。この点で、「学びの当事者は、学ぶ本人自身である」という佐伯の主張と一致している。
- 理由その2
  「自分が変わること」の部分が、佐伯・今井・藤井に共通する「構成主義的な学習観」とつながっている。
- 理由その3
  「学び」によって「変わる」のは、意識だけに限定されるものではなく、態度や言動も変わることがある。

　以上の理由で、本書ではこれ以降、前田の定義に従って、「学び」「学ぶ」という用語を使いたいと思います。

B アクティブ・ラーニングの三つの視点

「アクティブ・ラーニング」という用語が学習指導要領改訂案から削除され、その代わりに「主体的・対話的で深い学び」という用語が使われるようになったことはすでに述べました。日本語教育分野は、学習指導要領によって文部科学省の影響を直接受けることはありませんが、「主体的な学び」「対話的な学び」「深い学び」の三つの視点それぞれについて考察をすることは、「アクティブ・ラーニングとは何か」をより深く理解するために効果的だと考えられます。以下、先行研究に基づいて、三つの視点それぞれについて見ていきます。

1. 主体的な学び

中央教育審議会教育課程部会が 2016 年に出した『次期学習指導要領等に向けたこれまでの審議のまとめ』では、「主体的な学び」について、以下のような文言が用いられています。

> ［主体的な学び］
> 　学ぶことに興味や関心を持ち、自己のキャリア形成の方向性と関連付けながら、見通しを持って粘り強く取り組み、自己の学習活動を振り返って次につなげる学び
> 　［例］
> 　・学ぶことに興味や関心を持ち、毎時間、見通しを持って粘り強く取り組むとともに、自らの学習をまとめ振り返り、次の学習につなげる。
> 　・「キャリア・パスポート（仮称）」などを活用し、自らの学習状況やキャリア形成を見通したり、振り返ったりする。

溝上慎一氏は、主体的な学びの意義について、以下のように述べています[1]。

> ［意義］
> 　子供自身が興味をもって積極的に取り組むとともに、学習活動を自らふり

1　溝上「（理論）初等中等教育における主体的・対話的で深い学び―アクティブ・ラーニングの視点―」<http://smizok.net/education/subpages/a00003(shochu).html>

返り意味づけたり、身についた資質・能力を自覚したり、共有したりすることが重要である。

　これらの文言から分かることは、「主体的な学び」の中に、「学ぶことについての積極性」と「自らの学びのプロセスの認知」が含まれていることでしょうか。このことに関して、溝上（2018: 125）は、以下のように述べています[2]。

(1) 主体性（agency）とは、「行為者（主体）から対象（客体）へとすすんで働きかけるさま」と定義される。これをふまえて主体的な学習（agentic learning）は、「行為者（主体）が課題（客体）にすすんで働きかけて取り組まれる学習のこと」と定義される。
(2) 主体的な学習は、「（Ⅰ）課題依存型（task-dependent）」「（Ⅱ）自己調整型（self-regulated）」「（Ⅲ）人生（life-based）」の三層から成る主体的な学習スペクトラムとして理解される。

　溝上（2018: 109-112）による「三層から成る主体的な学習スペクトラム」の特徴は、それぞれ以下のようにまとめられます。

課題依存型の主体的な学習
　　課題の質（おもしろさなど）や課題に取り組む授業の雰囲気に促されて、等の理由で生じる学習
自己調整型の主体的な学習
　　学習目標（「毎日単語を10個覚えよう」「難しい問題でもあきらめずに取り組もう」など）や学習方略（「繰り返し声を出して単語を覚える」「難しい問題は後回しにして、易しい問題から解答する」など）、メタ認知（「自分の考えの矛盾に気づく」「課題によって学習方略を使い分ける」など）を用いるなどして、自身を方向づけたり調整したりして課題に取り組む学習
人生型の主体的な学習
　　中長期的な人生の目標達成（「英検一級に合格する」「将来弁護士になる」など）やアイデンティティ形成（私は何者か）、ウェルビーイング

---

[2] 溝上（2018）『アクティブラーニング型授業の基本形と生徒の身体性（学びと成長の講和シリーズ）』東信堂

(幸福感)を目指して課題に取り組む学習

この三層のスペクトラムに、「即自的(自分自身への気づきや反省が未発展の状態)」「対自的(自己内対話などを通して、自分自身を自覚している状態)」のベクトルを加えたのが、以下の図です(溝上 2018: 108)。

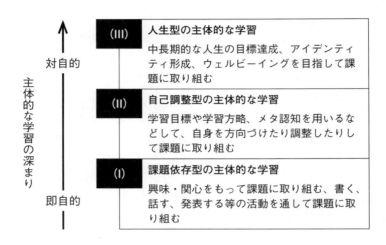

主体的な学習スペクトラム

その上で溝上(2018: 116-117)は、アクティブ・ラーニングが「(I)課題依存型」と「(II)自己調整型」の主体的学習に対応すると主張しています。

「主体的な学びをどう実現するか」については、吉田(2006: 36)が以下のように述べています[3]。

> 何が、「学び」を主体的・活動的にするのでしょうか？「学び」が主体的・活動的なときは、教師よりも学習者こそがほとんどの作業をしています。生徒たちは脳ミソを使い、アイデアを検討し、問題を解決し、学んだことを応用したりしています。主体的かつ活動的な「学び」は、速いペースで行われ、楽しく、助けが容易に受けられ、人をひきつけるものです。

---

3 吉田(2006)『効果10倍の〈教える〉技術―授業から企業研修まで―』PHP新書

以上の先行研究をまとめると、「主体的な学び」には、以下の特徴がありそうです。

◆「主体的な学び」には、「学ぶことについての積極性」と「自らの学びのプロセスの認知」が含まれる。
◆「主体的な学び」では、教師ではなく学習者がほとんどの作業をしている。

2. 対話的な学び

前掲の『次期学習指導要領等に向けたこれまでの審議のまとめ』では、「対話的な学び」について、以下のような文言が用いられています。

［対話的な学び］
　子供同士の協働、教職員や地域の人との対話、先哲の考え方を手掛かりに考えること等を通じ、自己の考えを広げ深める学び
　［例］
　・実社会で働く人々が連携・協働して社会に見られる課題を解決している姿を調べたり、実社会の人々の話を聞いたりすることで自らの考えを広める。
　・あらかじめ個人で考えたことを、意見交換したり、議論したりすることで新たな考え方に気が付いたり、自分の考えをより妥当なものとしたりする。
　・子供同士の対話に加え、子供と教員、子供と地域の人、本を通して本の作者などとの対話を図る。

溝上氏は、対話的な学びの意義について、以下のように述べています[4]。

［意義］
　身につけた知識や技能を定着させるとともに、物事の多面的で深い理解に至るためには、多様な表現を通じて、教職員と子供や、子供同士が対話

---

[4] 溝上「(理論) 初等中等教育における主体的・対話的で深い学び―アクティブ・ラーニングの視点―」<http://smizok.net/education/subpages/a00003(shochu).html>

し、それによって思考を広げ深めていくことが求められる。

また、文部科学省視学官の田村学氏は、以下のように述べています（田村2016c: 21）。

> 「対話的な学び」は、次の二つの意味で必要です。一つは、「対話的な学び」が行われることで、「主体的な学び」に向かう姿が生まれてきます。「対話」とは、双方向の相互作用です。そもそも私たちは、自分の考えが相手にちゃんと伝わり、相手がそれを受け入れてくれることに喜びを覚えますね。「対話」は、私たちが自ら取り組んでいきたくなる性質を、本質的に持っているのだと思います。
>
> もう一つは、「対話」によって、物事に対する深い理解が生まれやすくなります。他者とのやりとりを通して、自分一人で取り組むよりもより多様な情報が入ってくる可能性があります。また、相手に伝えようと自分が説明することで、自分の考えをより確かにしたり、構造化したりすることにつながります。そして、「対話」を通して、一人では生み出せなかった智恵が出たり、新たな知がクリエイトされたりするよさがあるのです。

以上の先行研究をまとめると、「対話的な学び」には、以下の特徴がありそうです。

◆他者とのやりとりによって、「主体的な学び」の実現につながる。
◆「対話」によって、物事に対する、より深い理解が生まれやすくなる。

3. 深い学び

前掲の『次期学習指導要領等に向けたこれまでの審議のまとめ』では、「深い学び」について、以下のような文言が用いられています。

> ［深い学び］
> 各教科等で習得した概念や考え方を活用した「見方・考え方」を働かせ、問いを見いだして解決したり、自己の考えを形成し表したり、思いを基に構想、創造したりすることに向かう学び

［例］
- 事象の中から自ら問いを見いだし、課題の追究、課題の解決を行う探究の過程に取り組む。
- 精査した情報を基に自分の考えを形成したり、目的や場面、状況等に応じて伝え合ったり、考えを伝え合うことを通して集団としての考えを形成したりしていく。
- 感性を働かせて、思いや考えを基に、豊かに意味や価値を創造していく。

溝上氏は、深い学びの意義について、以下のように述べています[5]。

［意義］
子供たちが各教科等の学びのなかで身につけた資質・能力の三つの柱を活用・発揮しながら物事を捉え思考することを通じて、資質・能力がさらに伸ばされたり新たな資質・能力が育まれたりしていくことが重要である。教員はこのなかで、教える場面と子供たちに思考・判断・表現させる場面を効果的に設計し関連させながら指導していくことが求められる。

また、田村（2018）は、「『深い学び』とは、『知識・技能』が関連付いて構造化されたり身体化されたりして高度化し、駆動する状態に向かうこと」（田村2018: 64）と定義し、学びの深まりを四つのタイプに整理しています[6]。

- 宣言的な知識がつながるタイプ
　「○○は△△である」「○○ならば△△である」といった知識がつながり、より高次な概念的知識へと発展するタイプ
- 手続き的な知識がつながるタイプ
　「これはこうする」といった行為などに関するバラバラな知識がつながり、連続し、パターン化した一連の知識構造になるタイプ
- 知識が場面とつながるタイプ
　知識が「あのときにも学んだ」「あの場面でもやった」「今回の場面も同

5　溝上「（理論）初等中等教育における主体的・対話的で深い学び―アクティブ・ラーニングの視点―」<http://smizok.net/education/subpages/a00003(shochu).html>
6　田村（2018）『深い学び』東洋館出版社

じだ」という形で、新たな場面や異なる状況とつながるタイプ
・知識が目的や価値、手応えとつながるタイプ
「学びを人生や社会に生かそう」という気持ちになったり、「やってよかった」というポジティブな感情につながったりするタイプ

　この四つのタイプと、資質・能力の「三つの柱」の関係を、田村（2018: 63）は、以下の図で表しています。

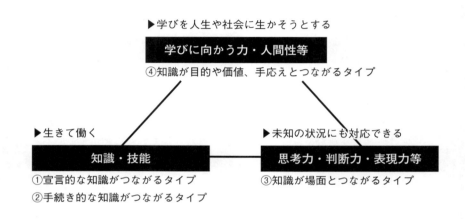

資質・能力の三つの柱と「知識の構造化」の関係

　「ディープ・アクティブ・ラーニング」を提唱する松下編（2015）は、「深い学び」の「深さ」を明確化するための理論的基盤の一つとして、「深い関与」を挙げています[7]。「関与（engagement）」とは、「どの程度活動に熱中しているのか」に近い概念です。松下編（2015: 17-18）は、学生の関与（student engagement）における「深さ」に関して、以下の指摘をしています。

・関与には、非関与から浅い関与、深い関与まで「深さ」の軸がある。
・「深い関与」は、いわば、熱中、没入、忘我の状態である。
・「深い関与」とは、「頭（mind）がアクティブに関与していること」である。

7　松下編（2015）『ディープ・アクティブラーニング』勁草書房。松下編（2015: 11-19）は、「深い関与」の他に、「深い学習」「深い理解」を挙げ、それぞれについて詳しく論考しているが、紙幅の関係上、ここでは取り上げないこととする。

以上の先行研究をまとめると、「深い学び」には、以下の特徴がありそうです。

◆関連付け・原理追求・批判的検討を行う、俯瞰的・包括的な学びである。
◆活動のタイプに関わらず、熱中して取り組んでいる時に生じる学びである。

C 学習の能動性

　松下編（2015: 18-19）は、アクティブ・ラーニングにおける「能動性」は、「内的活動における能動性」と「外的活動における能動性」の二つの概念に区別して捉えるべきであると主張しています。

	内的活動 低	内的活動 高
外的活動 低	D	B
外的活動 高	C	A

学習の能動性

　アクティブ・ラーニングにおける「能動性」を考える上で、この図は非常に有効です。図の中のA、B、C、Dそれぞれは、学習者の以下のような状態を指します。

　　A：身体的に活発に活動するとともに、頭の中も活発に活動している。
　　B：身体的な動きはあまり見られないが、頭の中は活発に活動している。
　　C：身体的に活発に活動しているが、頭の中はあまり活動していない。
　　D：身体的な動きはあまり見られず、頭の中もあまり活動していない。

　松下は「ディープ・アクティブ・ラーニングとは、外的活動における能動性だけでなく内的活動における能動性も重視した学習（A）である」（松下編 2015: 18-19）と述べています。外的活動と内的活動の能動性がそろった時にこそ、アクティブ・ラーニングが「ディープ」になるという主張です。ここで注目したいのは、身体的な動きはあまり見られないが、頭の中は活発に活動している「B」です。この「B」について、松下は、以下のように述べています（松下編 2015: 18）。

　　　バークレーの「頭（mind）がアクティブに関与しているということ」と

いうアクティブ・ラーニングの定義は、身体的活動と混同されやすいアクティブ・ラーニングの現状に対して、〈内的活動における能動性〉を強調したものである。（AまたはB）

　本書でのアクティブ・ラーニングの定義は、バークレーの定義とほぼ重なるものですので、筆者らは、「A」に加えて、「B」の状態の学習者も「アクティブに学んでいる」という捉え方をしたいと考えています。なぜなら、日本語教育の現場では、学習者が終始動き回っている授業だけでなく、教師が学習者に（導入や文法説明などの形で）インプットを与える時間、すなわち学習者が座って話を聞いている時間も必要とされているからです。

　アクティブな学びを「A」だけに限定せずに「B」も入れることで、「教師が学習者にインプットを与える時間で、座って話を聞いている学習者をどう能動的にするか」という授業改善の課題を生み出すことができます。そうすれば、その解決策として、たとえば「教師の説明を聞いた後で、自分が理解した（と思っている）内容を、学習者同士で伝え合う時間を設ける」や「話の途中で3択の問題を出し、各自に選ばせ、学習者同士で『なぜその選択肢を選んだのか』を伝え合う時間を設ける」等の工夫を考えることができます。本書の第4章と第5章では「AまたはBの状態を、どう作り出すか」を念頭に置きながら、授業改善の具体的工夫を考えていきたいと思います。

D　アクティブ・ラーニングに対する疑問

　以上、アクティブ・ラーニングの特徴を明らかにするために、「主体的・対話的で深い学び」という文言に沿って考察を加えてきました。教師の役割は、アクティブ・ラーナーを育てること、すなわち「主体的・対話的で深い学びが、学習者に生じるようにする」ことであると捉えて良いでしょう。であれば、「私は授業で、アクティブ・ラーニングをやっています」といった発言を見聞きする時に、「いったいどのような方法で、主体的・対話的で深い学びを生じさせているのだろうか」という疑問が出てきます。このような疑問は、「こういう学習形態であれば、アクティブ・ラーニングが実現できる」という回答への希求を生み出します。このことに関して、大杉（2017: 36）は、以下のように述べています[1]。

　　　アクティブ・ラーニングは児童生徒の主体的・協働的な「学び」の総称であり様々な学習形態を含むため、その明確な姿をつかみにくく、児童生徒の学びがアクティブ・ラーニングになっているかどうか不安に思っている先生方も多いと聞く。このような中で、「～法」「～型」など特定の学習活動がアクティブ・ラーニングとなる、といった言説が多く見られるようになったようだ。

　アクティブ・ラーニングに対する注目が増す中で、「どのような授業を行えば、主体的・対話的で深い学びが実現できるのか」という問いと、「その『形態』を明らかにしたい」という強い気持ちを、多くの教師が持つようになりました。このような形態に関する疑問を解消すべく、次に紹介する溝上（2014, 2018）は、さまざまな説明を試みています。

1　大杉（2017）『アクティブ・ラーニング　授業改革のマスターキー』明治図書

E　アクティブ・ラーニングを引き出す授業

　溝上（2014: 14）は、「アクティブ・ラーニング＝ある形態の教育方法」という誤解を避けるために、「アクティブ・ラーニング型授業」という用語の使用を提案しています[1]。

　　アクティブ・ラーニングが推奨されると、このように、保守派教員の「聴く」観を否定するような事態にすぐ至ってしまうが、このような状況を何とか回避できないものか。筆者自身、講演の際に、この手の批判的コメントを何度も受けてきた。
　　この問題を回避するために、「アクティブ・ラーニング」と「アクティブ・ラーニング型授業」とを、概念的に分別することを提案する。この分別が概念的になされていないから、要らぬ批判を呼び起こしてしまうのである。アクティブ・ラーニングは、厳密に言えば、学生の学習（learning）の一形態を表す概念であって、教員の教授（teaching）や授業・コースデザイン（instructional/course design）まで包括的に表す教授学習（teaching and learning）の概念ではない。したがって、アクティブ・ラーニングは、たとえば「90分授業のなかで、45分講義をおこない、残りの45分アクティブ・ラーニングを採り入れた授業をおこなう」などのように使用されるべきものである。筆者は、アクティブ・ラーニングを採り入れた授業である場合、それを教授学習の概念として「アクティブ・ラーニング型授業（active learning-based instruction）」と呼び、学習概念としてのアクティブ・ラーニングとは区別することにしている。

　この区別、すなわちアクティブ・ラーニングとアクティブ・ラーニング型授業の違いに関して、成田（2016: 9）は、以下の図を提示しています[2]。

1　溝上（2014）『アクティブラーニングと教授学習パラダイムの転換』東信堂
2　成田（2016）『アクティブラーニングをどう始めるか（アクティブラーニング・シリーズ）』東信堂

> ■ Teaching と Learning の区別
> 　■学生：アクティブ・ラーニング
> 　　（AL: Active-Learning）
> 　■教師：アクティブ・ラーニング型授業
> 　　（ALBI: Active-Learning-Based-Instruction）

アクティブ・ラーニングとアクティブ・ラーニング型授業

　この Learning と Teaching の概念的区別は、「アクティブ・ラーニング」という用語を使ってコミュニケーションを行う際の混乱を回避できるという点で、非常に有効です。しかしながら、本書でのアクティブ・ラーニングの定義は、溝上の定義とは異なっていますので、溝上の定義に基づいた「アクティブ・ラーニング型授業」という用語をそのまま使用することはできません。そこで本書では、それに代わる用語として「アクティブ・ラーニングを引き出す授業（Teaching to Elicit Active Learning; TEAL）」という用語を使用することとします。

　本書では、アクティブ・ラーニングにおける Teaching と Learning の区別を、以下の図のようにまとめたいと思います。

> ■ Teaching と Learning の区別
> 　■学生：アクティブ・ラーニング
> 　　（AL: Active-Learning）
> 　■教師：アクティブ・ラーニングを引き出す授業
> 　　（TEAL: Teaching to Elicit Active-Learning）

アクティブ・ラーニングとアクティブ・ラーニングを引き出す授業

F　アクティブ・ラーニングと授業規律

　アクティブ・ラーニングを学習者の中に実現する授業の前提条件として、「しっかりとした授業規律ができあがっていること」を挙げることができます。たとえば、溝上（2018: 26-65）は、アクティブ・ラーニング型授業の基本形をつくる三つのポイントを紹介しています。

　［ポイント1］
　　・アクティブ・ラーニング型授業における教師と生徒の関係性をつくる。
　　・アクティブ・ラーニング型授業に即した生徒の身体化を促す。
　［ポイント2］
　　・個－協働－個／内化－外化－内化の学習サイクルをつくる。
　［ポイント3］
　　・タイマーを表示し、時間を意識させる。

　ポイント1の「教師と生徒の関係性」とは、「教師が授業で行おうとしていることやそれを実現するための指示を、学習者が受け入れる状態であるかどうか」を指します。受け入れる状態であるかどうかは、学習者の身体の向きや姿勢等によって把握することが可能で、学習者がきちんと学ぶ体勢になるように導くことを学習者の「身体化」と呼んでいます。アクティブ・ラーニングを引き出そうとする授業では、教師に全員が正対して指示や説明を聞く場面、学習者同士がペアワークをする場面、グループワークを行う場面など、さまざまな場面が出てきます。それぞれの場面で学習者がきちんと学ぶ体勢になっていなければ、アクティブ・ラーニングを引き出すことは困難になります。
　ポイント2の「内化－外化－内化の学習サイクルをつくる」の「内化」「外化」は、それぞれ以下のように定義されます（溝上 2018: 44-45）。

　　内化（internalization ≒ インプット）
　　　"読む""聞く"等を通して知識を習得したり、活動（外化）後のふり返りやまとめを通して気づきや理解を得たりすること。
　　外化（externalization ≒ アウトプット）
　　　"書く""話す""発表する"等の活動を通して、知識の理解や頭の中で思考

したことなど（認知プロセス）を表現すること。可視化（見える化）とも呼ばれる。

　「内化」と「外化」を行ったり来たりすることが、学びの深まりに貢献するという考えです。
　ポイント3の「タイマーを表示し、時間を意識させる」ですが、学習者から見えるようにタイマーを示し、「あと何分、あと何秒」という作業経過や、残り時間を意識させると、集中力が増します。学習者に合わせて適切な時間設定をし、経過や残り時間を意識したワークを提供することが教師には求められます。
　溝上の三つのポイントは、溝上自身が観察したアクティブ・ラーニング型授業の事例（成功例も失敗例も含む）に基づいて提唱されたものですが、ポイント1の「教師と生徒の関係性」と「生徒の身体化」、ポイント3の「タイマーを表示し、時間を意識させる」という、いわゆる「授業規律」に関わるものが挙げられている点がとても興味深いです。どのような授業であっても、きちんとした授業規律が確立されていなければ、実り多い授業にすることは困難です。アクティブ・ラーニングを引き出そうとする授業の場合は、学習者同士のやりとりが多く行われますので、授業規律の重要性は非常に大きいと言えそうです。

G　アクティブ・ラーニングを引き出す授業と3要素（主体的・対話的で深い）の関係

　アクティブ・ラーニングを引き出す授業の形態を考える時に、「どの活動にも『主体的』『対話的』『深い』という3要素をすべてきっちりと盛り込まなければならない」という立場に立つと、授業改善の工夫がしにくくなると筆者（横溝）は考えています。

　例を出して、考えてみましょう。日本語教育の現場では、「対話」の時間がそれほどない、機械的ドリル（パターン・プラクティス）等の活動も必要です。なぜなら、言語学習は音楽や体育などといっしょで、理論（ルール）を学んだだけでは不十分で、学んだ理論（ルール）を試行錯誤しながら（誤りを犯しながら）、徐々に自分のものにしていくプロセスが必要だからです。この作業に従事している時は、必然的に対話の時間は少なくなります。

　では、こういったタイプの活動の時には、学習者の頭の中にアクティブ・ラーニングを生じさせることを諦めるべきなのでしょうか。筆者（横溝）はそうは思いません。「機械的」な活動ですので、「対話的」、そして「深い」の2要素は難しそうですが、「主体的」に関しては工夫できそうです。機械的な作業をしている学習者の脳をどう活性化させるのか、それこそが教師の腕の見せ所で、方法として、(1) 機械的ドリルをどうリズミカルにするか、別のことばで言えば、苦い薬に「糖衣」をどうまぶすか、(2) 機械的ドリルの後に続く活動をどう工夫するか（例：自己表現活動）等が考えられるでしょう（詳しくは第4章を参照）。

　もう一つ、「形式的に『対話』の形を採っている教室活動」を例として考えてみます。分野を超えた全国的な傾向なのですが、「学習者同士が常に話している状態＝対話的」という捉え方が、どうも多いようです。学習者同士が話をすること自体は良いことなのですが、何についてどのような対話をしているのかに注目することを忘れてはいけません。対話の質を担保するためには、「教師が実現を望んでいる対話」への綿密な手立てが必要です。「どうそこに持っていくか」です。この綿密な計画を立てて実行に移すことはとても大切なことなのですが、その部分への配慮が欠けている授業が少なくないように思えます。いきなり自由度が高い活動を促しても、学習者は戸惑うばかりで、そうなると、薄い／浅い学びになってしまいます。「基礎があってこそ、自由な活動が可能になる」ことを、教師は心の中にしっかりと意識しておかないといけないと思います。授業の中

で、ただ自由度の高い話し合いをさせて、その一部の活動をもって「対話的な授業です」と断言することは避けなければなりません。

本章では、「主体的」「対話的」「深い」という三つの要素について詳しく見てきましたが、この3要素には重なる部分が多く、お互いに影響を与えている相補的なものだと理解するのが良さそうです。「対話」によって、学習者は「主体的」になり、その結果「深い」学びにつながるというような形です。このことを議論している時に、筆者（横溝）に対して、共著者（山田）から、以下のコメントが届きました。

　　自分から、コミュニケーションを取り、なぜ？を考えて行動できる学習者を支援するのが教師の仕事であり、最終的には、これらの活動を教師がいなくてもできるようにするための足場作りがアクティブ・ラーニングという手法だと私は考えています。
　　ICTを使う意味って、本来の学習形態に戻すためだと思うんです。デジタルに慣れた世代ゆえ、デジタルを使って徐々に対面で臆せず話せるように導き、最後はデジタルの助けがなくても学び続け、アウトプットできるようになる。これが理想だなあと思います。

これを読んだ筆者（横溝）は、共感するとともに、「あ、これは昔から言われている、『学び方を学ぶ（learn how to learn）』だな」と思いました。アクティブ・ラーニングは、実は本来人間が本能的に持っている「学び」であり、アクティブ・ラーニングを引き出す授業は、そんな「学び」を現代社会で実現しようとするチャレンジなのかもしれません。

column 1

時間の制約がある場合の授業設計

　時間の制約がある場合、どのようにしてアクティブ・ラーニングを引き出す授業を行えば良いのでしょうか。ここで言う「時間の制約」には、(1) 授業時間内に行うべきことが多くて、アクティブ・ラーニングを引き出す授業の実践が難しいケースと、(2) さまざまな業務に追われて、教師自身が忙しすぎて、アクティブ・ラーニングを引き出す授業にまで手が回らないケース、とがあると思います。それぞれについて、考えていきましょう。

　(1) 授業時間内に行うべきことが多くて、アクティブ・ラーニングを引き出す授業の実践が難しいケース

　このケースへの対応策としては、「授業時間内に行うべきこと」の効率化を図ることが考えられます。その方法の一つとして、小林（2016a: 14-15）は、「授業から「説明」をへらすこと」を主張しています[1]。

> 　一方的なやりとりでは、アクティブ・ラーニングが起こりにくくなります。説明や板書の時間をへらし、双方的なやりとりを増やしていきましょう。（中略）講義を効率よく済ませれば、双方向的なやりとりの時間がつくれます。最初は1分でもかまいません。説明をへらす方法を考え、実践してみてください。

その具体的方策として、以下のような方法を挙げています。

　① 一方的な講義をへらす
　　学習内容の説明は行うが、時間や回数を減らす。また、説明中に学習者に質問し、考えたり話し合わせたりすることで、双方的なやりとりを実現する。

1　小林（2016a）『図解　アクティブラーニングがよくわかる本』講談社

② 板書もノートもへらす
　　板書とその書き写しには時間がかかるため、思い切ってやめるか減らす。伝えたい内容は、プリントで配るか、モニターやスクリーン、タブレット機器などで表示する。

「説明をへらす」以外にも、時間を捻出する方法は、プリントの配布・回収方法を工夫する、出欠のとり方を工夫する、授業の流れをルーティン化することで指示の時間を節約する、等々、まだまだできる工夫がたくさんありそうです。良さそうな方法にチャレンジしてみてはいかがでしょうか。

　（2）さまざまな業務に追われて、教師自身が忙しすぎて、アクティブ・ラーニングを引き出す授業にまで手が回らないケース

このケースについて、小林（2017b: 23）は、以下のように述べています[2]。

　　それほどの忙しさの中で、先生たちはどうすればアクティブ・ラーニングをとり入れ、新しい授業を実践できるのでしょうか。その答えはシンプルです。無理をしないこと。手がかかることをさけ、できる範囲でとりくんでいくこと、それに尽きます。授業を大きく変えようと意気込まず、最初は1分から始めましょう。

アクティブ・ラーニングを引き出す授業に取り組むための時間的・心理的余裕を捻出する方法の一つとして、さまざまな業務のICT化はとても有効です。第5章で紹介されているさまざまな方法にチャレンジしてみましょう。

2　小林（2017b）『図解　実践！アクティブラーニングができる本』講談社

アクティブ・ラーニングを実現するための視点

第 1 章で、アクティブ・ラーニングの定義の中に、「その実現をめざすことが、授業改善のきっかけとなり、教師としての成長につながる」という文言を加えました。「アクティブ・ラーニングは、『主体的・対話的で深い学びを実現するためには、こんな方法がいいんじゃないか？　これはダメなんじゃないか？　こんなこともできるんじゃないか？』という形で、授業改善の視点を提供するものである」と捉えるべきだと、筆者らは考えています。アクティブ・ラーニングの視点は、「どう授業改善を行えば良いのか」に関する、たくさんのヒントを与えてくれるものなのです。

　授業改善の方法は数えきれないくらいありますので、それをただ単に列挙しても、授業改善の「視点」を理解することは困難です。視点を明確にするために、いくつかの先行研究を見てみましょう。

A　先行研究から見る授業改善の「視点」

　まず、吉田新一郎氏は、脳の機能の研究と小学校入学前の子どもたちの「自然な学び方」を参考にして、九つの「学びの原則」を挙げています[1]。

（1）人は皆、常に学んでいる
　　　学び方・学ぶスピード・持っている能力・学習動機は、学習者ごとに異なっている。その多様性に対応した教え方が求められる。

（2）安心して学べる環境が大切である
　　　サポーティブで楽しい学習環境や雰囲気を提供することが必要である。

（3）積極的に参加できるとよく学べる
　　　学習者が主体的に動いたり、考えたり、体験する機会を提供しなければならない。

（4）意味のある内容や中身を扱うことでよく学べる
　　　学習者が「これは自分にとって意味がある」と思えたり、身近に感じられたりする学習内容を提供しなければならない。

（5）選択できるとよく学べる
　　　学習者を信じ、学びの責任を委ねる。その際、高い期待を示し、簡単にできてしまう選択だけでなく、努力すればできるレベルのものを提示することが肝要。

（6）十分な時間があるとよく学べる
　　　身につくまで十分な練習時間を与えることが大切。

（7）協力できるとよく学べる
　　　チーム学習を活用することが求められる。

---

[1]　吉田（2006）『効果10倍の〈教える〉技術―授業から企業研修まで―』PHP新書

(8) 振り返りとフィードバックがあるとよく学べる
　　自分自身の学習プロセスを頻繁に振り返る機会だけでなく、教師や他の学習者からのフィードバックをもらう機会を提供すべきである。

(9) 互いに讃え合ったり、教え合える機会があるとよく学べる
　　よく学べた時に、みんなで祝ったり、ほめ合ったりすることが大切。さらに、他の人に教えるチャンスが与えられると、よりよく学べ、さらに意欲が湧く。

中嶋洋一氏は、アクティブ・ラーニングの土台となる学説（原理）として、次の七つを挙げています[2]。

(1) ジョン・デューイの「問題解決学習法」
　・学習者は、既存の知識や経験を活用し、問題を解決する。
　・学習者は、体験から教訓を学び、自らの「経験」にするために努力し、他から学ぼうとする。

(2) レフ・ヴィゴツキーの「発達の最近接領域」「足場かけ」
　・子どもは、一人でできないことも、大人の支援や仲間との関わりの中で、刺激を受け、学び、できるようになっていく。（子どもは、困難な課題を教師や仲間からの援助で解決すると、次は子ども自身が活動過程をモニタリングし、セルフコントロールできるようになり、「メタ認知能力」が形成されていく）
　・子どもたちの学びを促進させるためには、大人の「足場かけ」（その子に合った支援をすること）が重要である。
　・答えを教えるのではなく、以下のような足場かけを提供するとよい。
　　　　a. 教師の言葉かけ
　　　　b. やり方・学び方の説明
　　　　c. よい見本を見せること
　　　　d. 注意して聞くこと（待つこと）
　　　　e. グループの討論で焦点となることについて、個々の考えを探

2　各学説（原理）の説明は、中嶋編（2017: 20-23）に基づき、筆者（横溝）がまとめた。

　　　　　　し出すこと
　　　　f. 子どもがしたことや考えたこと、決めたことを思い出すように援助すること
　　　　g. 子どもに情報やアイデアを提供すること、など

(3) ジェローム・S・ブルーナーの「発見学習」
・「課題」の把握、仮説の「設定」「精錬」「検証」「まとめ」で構成される発見学習には、「教師による誘導」が鍵である。

(4) アルバート・バンデューラの「自己効力感」
・「自己効力感」とは、「将来の状況を成し遂げるために必要な一連の行動を準備し、実行することができるという信念」であり、「自分にある目標を達成する能力があるという認知」である。
・「自己効力感」は、情報や経験に左右されやすい。
・（プラスの場合）小さな成功体験を積むことによって、見通しが持てるようになり、自分なりに、到達目標、中間地点、それに必要な「足場かけ」を用意するなど、「ゴールからの逆算（backward design）」が自在にできるようになる。
・（マイナスの場合）マイナスに働くような情報や経験が多いと人は「学習された無力感」を感じる。長い期間、嫌なことや失敗が続くと、やがて「無理」と諦めて自発的な行動を起こさなくなる。

(5) アブラハム・マズローの「欲求5段階説」
・「生理的欲求」「安全の欲求」「帰属の欲求」などの低次の階層の欲求が満たされて初めて、人は「承認の欲求」「自己実現の欲求」といった高次の階層欲求を求めるようになる。

(6) デイビッド・オースベルの「有意味受容学習」
・「有意味受容学習」とは、機械的な暗記を強いる学習法ではなく、学習する内容に「意味」を持たせて、生徒に考えさせたり、推理させたりするような学習方法である。
・教師が「なぜ、それをやるのか」「それによって何が身につくのか」という学習内容の最終的な形が「最初」の段階で学習者に提示される。

(7) ユーリア・エンゲストロームの「拡張的学習」
- ・「拡張的学習」とは、ある場面、ある文脈において発生する「葛藤や矛盾」を、いかに記述・分析しつつ、新たな活動や組織を「創造・再デザイン」していけばよいかを追求するという考えである。
- ・「拡張」は、個人の「疑問」「違和感」「批判」「探索」などから出発する。
- ・「なぜ」という日常における疑問を出発点として、実践へと転換し、反省するという過程を繰り返しながら集団的に拡張し、「学び合い」「育ち合う」ことで、最終的に具体的な新しい実践を生み出していく。
- ・学習のプロセスが、「動機付け（なぜ、不思議だ）→方向付け（構想、見通し）→内化（外化に向けた知識を習得）→外化（課題解決）→批評（再構成）→省察（振り返り）」という流れになっている。
- ・学習が input for output になっており、その output は、「ルーブリック」によって、個々の到達目標として示されている。

このような七つの学説（原理）に基づいた教育実践の中で、英語教師がどのような具体的言動によってアクティブ・ラーニングを実現しているのかを、中嶋洋一氏は「主体的・対話的で深い学び」の枠組みで、以下のように挙げています。

(1)「主体的な学び」をどう演出するか（高まり）
　a.「知りたい、聞きたい、言いたい」など「学習意欲」を高める課題にしている。
　b.「評価規準」「CAN-DO」「ルーブリック」などを事前に示している。
　c. 課題を探求的なものにし、「多様な意見や考え」が生まれるようにしている。
　d. 学習者の立場に立って、発問・指示を心がけている。
　e. 語彙や文法の指導などで「aha!」や「気づき」が生まれるようにしている。
　f. 本文の読解で「場面」や登場人物の「心理」等を読み取らせている。
　g. 写真や映像（ICT）を生かした指導を展開している。
　h. 授業の中で「沈思黙考（真剣に読む・書く）」の場面を作り出している。

i.「知的飢餓感」を作るような終わり方、次時の必要感を与えている。

(2)「対話的な学び」をどう演出するか（広まり）
　　　a.「振り返り」で「内省し省察」をさせ、自己と対話させている。
　　　b. ペアやグループ活動を仕組むときは、「ねらい」と「必然性」を考えている。
　　　c. 意図的に「ギャップ」(information, opinion, reason) を作っている。
　　　d.「メンタリング」でよいモデル（教材、考え方、作品、ノート）に出会わせている。
　　　e. 個々の「こだわり」が生まれるように、関わらせ方を工夫している。
　　　f. 教科書から発展させ、学習者がハッとするような「真正の教材」を与えている。
　　　g.「自己選択・自己決定」の場面を与え、できるだけ即興で話をさせている。
　　　h. ワークシートやノートを見ずに、「自分の言葉」で発表させている。
　　　i. 学習者同士で、「自然なインタラクション」をさせている。

(3)「深い学び」をどう演出するか（深まり）
　　　a. 単元のゴールやテスト形式を最初に示して「見通し」を与えている。
　　　b.「課題解決型」（統合型タスク）の学習になっている。
　　　c.「振り返り」「中間発表」を位置付け、「メタ認知力」を高めている。
　　　d.「反転学習」（学習者の準備が授業につながる）を心がけている。
　　　e. テストで「自己申告」や「訂正課題」（理由付け）を位置づけている。
　　　f. 最後の５分で「本時のねらいの達成度」を確かめる活動を用意している。
　　　g.「自己評価」は単発ではなく、単元全体を通して書かせている。
　　　h. 授業では「わかった！」よりも「できた！」を実感させている。
　　　i. 家庭学習は、宿題ではなく「自学」をルーティンにしている。

B 本書における授業改善の「視点」

ではここで、上掲の吉田と中嶋の主張[1]、そして筆者（横溝）の個人的な体験知を踏まえて、本書での「アクティブ・ラーニングを実現するための視点」を提案してみます。

視点1：学習者の学びが成立するように心がけているか
  a. どうしたら、学習者は学びやすいか。
  b. どういうことばを使ったら、学習者は分かりやすいか。
  c. どういう質問をしたら、学習者は考えやすいか。
  d. どういうふうに接したら、学習者は受け入れてくれるか。

視点2：学習者の多様性に対応しているか
  a. やる気
  b. 年齢
  c. 学び方（学習スタイル／学習ストラテジー）
  d. 学習不安
  e. 母語能力
  f. 現在の日本語能力（レベル差）
  g. 学習習慣
  h. 学習動機／目的

視点3：適切な学習環境を提供できているか
  a. 安心して学べる。
  b. 楽しく学べる。
  c. 協力して学べる。
  d. お互いに讃え合い、祝い合い、ほめ合う。

---

[1] 他にも、田村（2018: 183）が「『深い学び』が実現されている10の教育現場で、教師がどのような手立てを講じているか」について分析した結果を図示しているが、吉田や中嶋の主張と重なる部分も多いため、ここでは取り上げない。

視点 4：学習者が主体的／積極的に学ぶ機会を提供できているか
    a. 授業中に学ぶ。（動いたり、考えたり、体験したり）
    b. 授業外で学ぶ。（宿題など）

視点 5：学習者にとって意味のある内容や中身になっているか
    a. 内容・中身がおもしろい。
    b. 内容・中身が深い。
    c. 文脈化がなされている。（誰が・誰に向かって・何のために表現するのかを明確にした上で、表現活動を行っている）
    d. 個人化がなされている。（自分について話したり書いたりしている）
    e. レベルが適切である。（日本語レベル、知的レベル等）
    f. 自己表現が、相手理解・相互理解につながっている。

視点 6：学習者に自己選択・自己決定の機会を与えているか
    a. 学習者に、教材のレベルの自己選択・自己決定の機会が与えられている。
    b. 学習者に、制限時間の自己選択・自己決定の機会が与えられている。

視点 7：時間枠を設けて活動をさせているか
    a. 機械的ドリル等の比較的単調な活動を行う際、長くやりすぎない。
    b. 沈思黙考型の活動を行う際、十分な時間を確保し、その時間があらかじめ伝えられている。
    c. 話し合い活動を行う際、十分な時間を確保し、その時間があらかじめ伝えられている。
    d. 身につくまでの十分な練習時間が確保されている。

視点 8：ふり返りやフィードバックの時間を設けているか
    a. 各学習者によるふり返り
    b. 学習者間のふり返りの共有
    c. 教師からのフィードバック

視点9：「見通し」を与えているか
  a. 達成目標（「評価規準」「Can-Do リスト」[2]「ルーブリック」）が、学習者に伝えられているか。
  b. 「その活動によってどんな力がつくのか」が、学習者に伝えられているか。

　以上の9の視点を踏まえて、アクティブ・ラーニングを引き出す授業の具体的な工夫を、第4章と第5章で紹介します。授業改善を行う際には、「これまで行ってきた方法を調整する」方法と、「授業形態そのものを大きく変える」方法のどちらかを採用することになります。第4章では「これまで行ってきた方法を調整する」方法を、第5章では「ICTを活用して授業形態そのものを大きく変える」方法を紹介していきます。

　なお、巻末に「アクティブ・ラーニング度チェックリスト」があります。それぞれの視点から見て、皆さんの教室で「アクティブ・ラーニングを引き出す授業」がどのくらいできているかチェックしてみましょう。

2　Can-Do リストについては、コラム4（pp.93-94）を参照。

column 2

学校の方針や現行のカリキュラムとどう調整するのか？

　フリーランスとして1対1で教える等の場合は、カリキュラムや授業のデザイン・運営を自由に行うことができるでしょう。しかし、どこかの学校に属して日本語教育に携わる場合は、その学校の方針やカリキュラムがすでに存在していますので、その枠組みの中で授業を行うよう求められることがほとんどです。

　そんな中で「自分は、本校のこれまでのやり方よりもアクティブ・ラーニングを引き出す授業がいいと思いますので、新しい方法でどんどん授業を行っていきます！」という発言は、ある意味、宣戦布告のように受け取られることもありますし、学校内での孤立を招いてしまうかもしれません。こうなると、「自分のやりたいこと」と「その学校の教師としてやらなければならないこと」の板ばさみになり、苦しい思いをしてしまいます。こんな時は、どうすれば良いのでしょうか。

　この問いに対して、小林（2017b: 80）は、「どんな環境でも、先生たち一人ひとりが必ずできることがあります。それは、自分の授業を自分なりに改善していくことです」と回答しています[1]。その上で、一人で授業改善を続ける時のコツを、以下の図にまとめています。

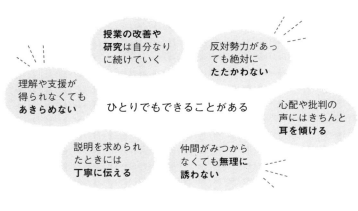

ひとりで授業改善を続ける時のコツ

1　小林（2017b）『図解　実践！アクティブラーニングができる本』講談社

そして、学校人として行わなければならないことを地道にこなし続けることで、理解者・支持者が出てくると述べています（小林 2017b: 82）。

> 自分の授業を地道にこなしながら試行錯誤していれば、（中略）風向きが変わり、誰かが努力を認めて仲間になってくれます。仲間ができれば、悩んだ時に相談できます。相談によって、アイデアが広がります。理解してくれる同僚も、増えていくでしょう。そのような広がりをイメージして、じっくりとりくんでいってください。

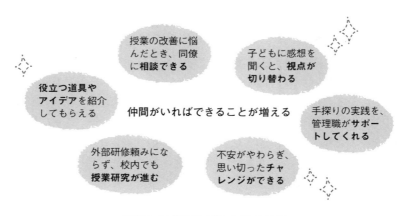

地道な授業改善が生み出す効果

学校の方針や現行のカリキュラムとの調整のコツは、「あせらず地道にコツコツと試行錯誤をし続けながら、少しずつ理解者・支持者・仲間を増やしていくこと」とまとめられそうです。このことは、アクティブ・ラーニングを引き出す授業に限らず、新しいことを一人で始める時のコツとも考えられそうですね。

アクティブ・ラーニングの視点での授業改善
―既存の授業を変える―

前章までで、アクティブ・ラーニングとは何か、その特徴と授業改善のための「視点」を見てきました。
　それでは、日本語教育のさまざまな教室活動の中で、具体的にどのようにすればアクティブ・ラーニングが実現できるのかを見ていきましょう。本章では「これまで行ってきた方法を調整する」方法、すなわち「読者の方々にとってなじみの深い教室活動の中で、学習者の頭の中にアクティブ・ラーニングを生じさせる」方法を紹介していきます。日本語教育の現場では、導入→文法説明→文法練習活動→各種活動といった一連の流れがよく見られますので、この流れに沿って、順番に考えていきます。

A　導入

　導入には大きく分けて、「語彙の導入」と「文型の導入」がありますが、ここでは文型の導入を取り上げます。文型導入とは、「授業で何か新しいものを扱うときに、それを学習者に提示し、イメージをつかませること」(川口・横溝 2005b: 28) です。「文型のイメージをつかませる」とは、「その文型を使って表現できるものは何か、つまりその文型の概念や機能を理解させること」を意味します。このプロセスなしにいきなり文法説明に入り、そのまま練習に移行したりすると、「この説明や練習は何のために行っているのか」という混乱が学習者に生じます。すなわち文型導入とは、「ある文型を扱う時には、そのイメージを学習者にしっかりと納得させた上で、文型練習やコミュニケーション活動に進もう」という試みなのです。

　広く行われている文型導入の方法としては、「ダイアローグによる導入」や「Q&Aによる導入」等が挙げられます(田中 1988: 129-136)。「ダイアローグによる導入」は、学習項目が含まれる会話文を聞かせるか読ませるかして、新しい学習項目(文型)の形を提示し、意味・用法を類推させる方法です。新出文型以外は既習の文型で会話文が構成されているため、新出文型の意味・用法を学習者が類推できます(田中 1988: 129)。

　「Q&Aによる導入」は、以下のような導入です(坂本・大塚 2002: 35)。学習済みの「する」形の文(現在文)と対比させることで、新しい文型(「～(し)ている」)を導入しています。

　　教師　　：今日の午後は何をしますか。
　　学習者：図書館で勉強します。
　　教師　　：今晩はどうですか。
　　学習者：友達に会います。
　　教師　　：では、皆さんは今、何をしていますか。
　　学習者：??
　　教師　　：皆さんは今、日本語の勉強をしています。

　この文型の導入は、絵カードでも行うことができます。たとえば、次のような3枚の絵カードを用意します。

(1) ①を見せて、「走ります」と言います。そのすぐ後で、③を見せて、「走りました」と言います。
(2) ①と③の絵を並べて、「走ります、走りました」と言い、学習者にもリピートさせます。
(3) その直後に、2枚の絵の間に、②を持ってきながら、「走っています」と言います。
(4) そして、3枚の絵を次の順番で並べて、「走ります、走っています、走りました」と言えば、「〜(し)ている」文が現在の継続的動作を表すことが伝えられます。

　以上のような方法が、広く行われているオーソドックスな方法でしょうか。これらの導入方法はいずれも、「文脈の中での文型の導入」ですので、「文型のイメージをつかませる」効果的な方法です。では、学習者の頭の中をより活性化する文型導入は、どのようなものがあるのでしょうか。

1. 手品を使った文型導入

　一つの方法として、「文型が導入される文脈にわくわく感を持たせる工夫」が考えられます。「手品」を使った、存在文「〜があります／〜はありません」の導入方法を、以下に紹介します[1]。

---

[1] 瀧沢（2008a）『わくわく！面白英文法指導の導入と音読指導―（英語教師の達人をめざして―達セミフレンズからの贈り物―）』ジャパンライム

（1）水の入ったペットボトルと白い紙コップを用意します。そして、「水です。コップです」と言います。

（2）コップに水を注ぎます。

（3）ペットボトルを置いて、コップに注目させて「水はありますか？」と質問します。学習者はおそらく「あります」「あります」と言うでしょう。そこで、コップを逆さまにして、

（4）「水はありません」と言います。（学習者から「エー！」という驚きの声が出る）[2]

　このようなやりとりを通して、学習者は「あります」「ありません」を聞いたり言ったりします。「物の存在のあるなしを表す表現」に、知らず知らずに触れているのです[3]。

---

[2] ポイントは、「ユリアゼリー」という瞬間吸水剤を、紙コップの中にあらかじめ入れておくことである（瀧沢 2013: 63）。なお、水を入れてからコップを逆さまにする間をしっかり取らないと、水がこぼれることになるので注意が必要。

[3] 瀧沢（2008a）では、この後に「マジック・ブック」を使った存在文の導入も紹介している。

2. インプット洪水とインプット強化

フォーカス・オン・フォーム（Focus on Form）[4]で、学習者の注意を言語形式に向ける方法には、大きく分けて「明示的な注意の引き方」と「暗示的な注意の引き方」があるのですが、「インプット洪水（input flood）」と「インプット強化（input enhancement）」はいずれも、「暗示的な注意の引き方」に属するものです。「インプット洪水は、特定の言語形式を頻繁にインプットの中で使うことによって、学習者の気づきを誘発しようとするもの」であり、「インプット強化は、リーディングで使う場合は、太字、下線、矢印といった視覚的目印を使って、学習者の注意を特定の言語項目に引こうとするもの」（和泉 2009: 154）です。この二つを使って「〜てくれます」を導入するために、筆者（横溝）が作った教材を、以下に紹介します[5]。

大切な友だち

山本あみ（8才）

　私は大切な友だちが二人います。あすかちゃんと、まきちゃんです。

　あすかちゃんは、いつも元気な女の子です。私に毎朝「おはよう！」と、大きな声で挨拶し**てくれます**。お昼は、「いっしょにご飯を食べよう！」と誘っ**てくれます**。そして、学校からの帰りには、「また会おうね！」と言っ**てくれます**。あすかちゃんの大きな声を聞くと、私はとても元気になります。

　まきちゃんは、とても優しい女の子です。私が元気がない時は、「どうしたの？」と聞い**てくれます**。算数の授業で、私が分からない時は、いつもゆっくり教え**てくれます**。宿題も時々、手伝っ**てくれます**。

　あすかちゃんもまきちゃんも、私は大好きです。私も、あすかちゃんとまきちゃんの大切な友だちになりたいです。

---

[4]　意味やコミュニケーションに焦点を置いた授業の中で、学習者の注意を必要に応じて言語形式に向けさせる指導方法のこと（岩田他 2012: 94）。

[5]　内容確認の質問に日本語ではなく英語（学習者の媒介語）を使用しているのは、（1）初級の学習者対象の教材であること、（2）「〜てくれる」のニュアンスへの気づきと理解をより確かなものにすることが、主な理由である。

Questions:
1. What does Ami think about Asuka and Maki?
2. What does Asuka do for Ami?
    a.
    b.
    c.
3. What does Maki do for Ami?
    a.
    b.
    c.
4. How does Ami like Asuka and Maki?
5. What does Ami want to be?

　本文を読んで上記の Questions に答えていく中で、学習者は「『〜てくれる』が相手に対して好意や感謝の気持ちを持っている時に使う表現であること」に気づくでしょう。

3. 絵や写真を使った文型導入

　絵や写真を使用して、文型のイメージをつかませるのも効果的な方法です。たとえば、こんな絵を見せて、

「ビールを飲んではいけません」と言えば、「ビールを飲むことを禁止している表現だな」ということが伝わります。この方法を少し応用してみましょう。「思わ

ず笑ってしまうような絵や写真」をたくさん用意します。そして、以下のように進めます。

osobystist/Shutterstock.com

写真1

写真2

写真3

教　師：（絵または写真1を見せながら）笑ってはいけません。
学習者A：（笑ってしまう）
教　師：笑ってはいけません。笑います、ダメです。笑ってはいけません。（絵または写真2を見せながら）笑ってはいけません。
学習者B：（笑ってしまう）
教　師：笑ってはいけません。笑います、ダメです。笑ってはいけません。（絵または写真3を見せながら）笑ってはいけません。

　このような形をしばらく続けて、「〜てはいけません」と板書すれば、「〜てはいけません」が禁止を表す文型であることが伝わるでしょう。この導入が成功するかどうかは、「どれだけ思わず笑ってしまう絵や写真を用意できるか」にかかっています。頑張って探してみましょう。

B　文法説明

　文法の説明には、「演繹的アプローチ」と「帰納的アプローチ」の二つがあります（Thornbury 2001: 51）。

　　演繹的アプローチ：規則の提示から始まり、次にその規則が適用されている
　　　　　　　　　　　例文が示される。
　　帰納的アプローチ：いくつか例文を示し、その例文からある規則を推測する。

1.　演繹的アプローチ

　多くの日本語教師にとって、よりなじみが深いのは「演繹的アプローチ」だろうと思います。演繹的アプローチには、「短い時間で済ませられる、学習者も慣れている、教師も楽」という長所がある一方、「説明が一方的になってしまって頭に残らず、ルールを学んで全ての学習が終わったと感じてしまう」という短所があると言われています（川口・横溝 2005b: 39-40）。学習者の頭の中をアクティブにするためには、この短所に対する配慮が必要不可欠です。「一方的な説明」が延々と続いている授業では、学習者の頭が活発に働いているとは言えないからです。では、どのような工夫をすれば良いのでしょうか。打開策として、（a）インターアクティブな説明、（b）適切なタイミングでの説明、が考えられます。

a.　インターアクティブな説明
　一方的でなく、学習者とやりとりをしながら進めていく文法説明は、こんな感じです（横溝 1992: 14-15）[1]。

　　Teacher（以下 T）：Is there any question?（何か質問はありませんか？）
　　Student（以下 S）：……（沈黙）

---

[1]　教科書は『Japanese: the Spoken Language』で、レッスン3のセクションBの授業。レッスン1ですでに学習した ADJECTIVAL（形容詞）の復習をした上で、その NOMINAL（名詞）修飾を導入しているシーンの一部である。なお、この説明では「嫌い（kirai）」を例外扱いすべきであるが、この授業を行った時点では未習だったため、特に言及はしていない。また、「ち」「つ」「し」「ふ」等のローマ字表記が、ti, tu, si, hu となっているのは、使用教科書に倣っている。

T : Are you sure?（本当に？）

S : （お互い顔を見て苦笑い）

T : OK. Let me ask you some questions. What is "ADJECTIVAL?" Can you give me its definition?（分かりました、では、質問させてください。「形容詞」[2]って何ですか？ 定義を教えてください。）

S1: *ookii, tiisai*....（大きい、小さい…。）

T : No, I'm not asking you the examples. Can you explain what the meaning of "ADJECTIVAL" is?（いや、例を聞いてるんじゃありません。「形容詞」っていうものの意味は何なのか、説明できますか。）

S : （全員で）No, I can't.（いいえ、できません。）

T : OK. Let's find the definition by looking at the examples. Yes, we already have *ookii* and *tiisai* on the blackboard. Any other examples?（オッケー！ 例を見ながら、定義を考えてみましょう。黒板に「大きい」「小さい」って、すでに書いてあります。他に例がありますか。）

S : （全員バラバラに）*tumaranai, takai, yasui, omosiroi, atarasii, hurui*....（「つまらない」「高い」「安い」「おもしろい」「新しい」「古い」…。）

T : OK. Do these words share anything in common?（はい。この単語に何か共通するものはありますか？）

S2: They describe things.（ものを描写します。）

T : That's true. What about their form?（そうですね。形はどうですか？）

S3: They all end in "*i*."（ぜんぶ「i」で終わってます。）

T : Yes, good point. But can *tegami* be called "ADJECTIVAL?"（そうです、いいところに気がつきました。でも、「手紙」は形容詞でしょうか。）

S : （全員で）No!（違います！）

T : OK. Now let me give you the definition. "ADJECTIVAL" are words which end in _*ai*, _*ii*, _*ui*, _*oi*.（オッケー。では、定義を教えましょう。「形容詞」っていうのは、「ai」「ii」「ui」「oi」で終わる単語です。）（板書しておいた単語の語尾にアンダーラインをする）Its definition is totally based on FORM, NOT MEANING! Yes, ADJECTIVAL describe things. But not all the describing words can be ADJECTIVAL, because....（この定義は、形によるものであって、意味によるものではありません。確か

2　いわゆる「イ形容詞」のこと。

に、形容詞はものを描写します。でも、描写する単語すべてが形容詞というわけではありません。なぜなら…)
S4: Its definition is based on form.（定義は形によるものだから。）
T : True. What kinds of words can be called "ADJECTIVAL?" The words which end in....（その通り。形容詞って呼ばれる単語はどんな単語ですか？　語尾が何で終わりますか？）
S : （全員で）_ai, _ii, _ui, _oi.（「ai」「ii」「ui」「oi」。）
T : （日本語で）分かりましたね。
S : （全員日本語で）はい、分かりました。

（この後、名詞修飾へと説明は続く）

　このような形で、学習者に質問したり、学習者からの反応を待ったりしながら、教師がすべて説明しないように心がけると、インターアクティブな説明を行うことができます。

b.　適切なタイミングでの説明
　教師が説明をたくさんすればするほど、学習者の日本語が上達するかというと、決してそうではありません。このことは、泳ぎ方に関して、足や手の使い方、呼吸の仕方などについての理論を学んだだけでは、泳げるようにならないのと同じです。では、どうすれば良いのでしょうか。この問いに関して、「（学習者自身が）分からん・分かりたい・もっと上手くなりたい、どこが悪いのか、どうすればいいのかと思った時に説明する、それがベストのタイミングである」と、田尻（2009: 17）は主張しています[3]。そして、以下のように述べています。

　　人間には、同じことを説明されても、すんなり頭に入ってくる時と、入ってこない時がある。一番素直に入ってくるのは、知りたいと思った時に知りたいと思ったことが説明された時、つまり知りたい欲求が起こり、それが即座に満たされる時なのである。（中略）生徒が自ら「間違えた」「分からない」ことを見つけ、「教えてほしい」と思った時こそ、教師の出番なのである。

3　田尻（2009）『(英語)授業改革論』教育出版

文法説明で学習者の学びをアクティブにするためには、説明の長さやタイミングが非常に大切です。教師は以下のことを心に留めておかなければなりません。

・理解させようという気持ちで、長い説明を続けてはいけない。
・その代わりに、手短な説明を与え、学習者に試行錯誤させるべきである。
・学習者から支援の要求が出てきたら、その都度、文法の説明をする。

2. 帰納的アプローチ

　帰納的アプローチには「(自分の『学び』には学習者自身が積極的に関わることが重要なので)学びの定着や動機づけにも結びつく」という長所がある一方で、「規則発見＝言語学習の目標と信じ込ませてしまう可能性がある」「規則発見に時間がかかる」「発見する規則の正しさが保証されない」「教師の負担が大きい」「規則を発見しにくいことがある」「規則を教えてもらうのを好む学習者たちが失望する」等の短所があると言われています（川口・横溝 2005b: 49-50）。

　このように短所が数多く指摘される帰納的アプローチですが、「学びの定着や動機づけにも結びつく」という長所はとても魅力的です。短所を克服して長所を生かすためには、「きめ細かなデータの選択と提示の工夫」「帰納的に学習者が作成した規則を確認・修正する過程」「時間的余裕と学習者のバラエティを考慮した運営」が求められます。

　帰納的アプローチの例として、フォーカス・オン・フォームの「明示的な注意の引き方」の中の「意識高揚タスク（consciousness-raising task）」による文法説明を紹介します。意識高揚タスクとは「特定の文法項目が数多く出現する文章を学習者に与え、その規則やパターンを探し出させるタスク」（和泉 2009: 153）です。意識高揚タスクを使って、帰納的に文法を発見させようとする教材は、こんな感じです。

> ## 「しか」と「だけ」の使い分け
>
> Step 1
>
> What is the difference in form between sentence a) and sentence b)?
> a) 半分だけ食べました。
> b) 半分しか食べませんでした。
>
> What is the difference in form between sentence c) and sentence d)?
> c) 100円だけあります。
> d) 100円しかありません。
>
> Step 2
>
> Study the sentences above. What is the difference in form rules regarding だけ (dake) and しか (shika)?
>
> Step 3
>
> Which of the following sentences are ungrammatical? Why?
> a) 昨日の夜、1時間しか勉強しました。
> b) 今朝は、パン一つしか食べませんでした。
> c) 今年は、雪が少ししか降りませんでした。
> d) 私は、野菜しか食べます。
>
> Step 4
>
> Examine the following sentences and make a rule to explain when しか is used.
> a) 150円のジュースを買いたいですが、100円しか持っていません。買えません。
> b) テストのためにたくさん勉強したのですが、50点しか取れませんでした。
> c) 日本語は少ししか話せません。もっとたくさん勉強しなければなりません。

3. 学習者自身がルールをまとめる方法

　教科書には文法説明が載っていることが多いですし、文法についての参考書などもたくさん出回っています。であれば、教師が説明するのではなく、書かれた文法説明を学習者自身がまとめるという方法も考えられます。

　「教えない授業」をめざす山本（2015: 50-53）は、英語の授業で、このような

ワークシートを配布し、「このレッスンで学んだcanについて分かったことを自由にまとめてください。一番よくまとまっているものを全員に印刷し、授業で使います」と伝えました。できあがった作品にはなかなかの力作が多かったそうです[4]。

　同じような形で、日本語学習者に「〜てしまう」について分かったことをまとめてもらうと、こんな作品が出てきました。

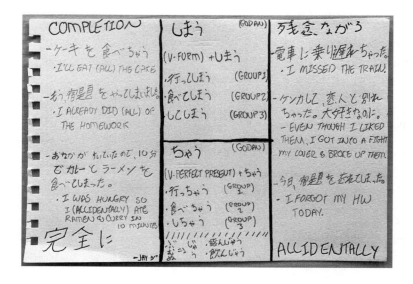

　このような作品を見ると、「学んだ文法をまとめる」という作業では、個人差はあるにしても、アクティブな学びが起きていると考えられそうです。英語の授業のまとめを生徒に委ねた田尻（2009: 19-20）は、その時のことを次のように述べています。

> 私は、まとめは生徒がやる知的な活動であると考えていた。したがって、ドリルをした後や授業の最後の部分で、「今日やった学習で気がついたことをノートにまとめてごらん」と指示することがあった。そう言って5分とか10分とか時間を与える。一切しゃべらないで、横の人のも見ちゃダメ、と

4　山本（2015）『はじめてのアクティブ・ラーニング！英語授業』学陽書房

言って1人で考える時間を作る。まとめた後で、「はい、自分のノートは開いて机の上に置いたまま、黙って友だちのまとめを見てきてごらん」と言って、他人のノートを見て回らせる。そこまでやってから「はい、話し合っていいぞー」と解き放ってやると、「ちょっと来て、これ私のまとめと違うんだけど、先生は確かこう言ってたよね？」「青木くん、これってどういう意味？」「先生が言ってたことって、こういうことだったの？」「このまとめ方うまい！写してもいい？」「なんでこんなことが分かるの！」などと、放っておけば自分たちでどんどん話し合い、教え合っている。「知りたい」欲求が発動すると、生徒はそこまで積極的に学ぼうとするのである。そこで満を持して、私が「そろそろ終っていいか？先生が説明するぞー」と言うと、

「先生もうちょっと待ってください！」とか、

「今気づいたことがあるから、もう少し書いてまとめてから」

などという声が上がってくる。この時の生徒は、頭も心も動いている。初めてこれをやった時は、嬉しかった反面、今まで板書して説明していた時間は何だったのだろう？生徒が学ぶ時間を、教師が取り上げていただけなんじゃないか?!と思い、かなりショックを受けた。

このような授業では、学習者の脳がフル回転し、まさに「主体的・対話的で深い学び」が成立しています。日本語教育で初級学習者の場合は、媒介語使用が可能かどうかによって影響を受けそうですが、文法のまとめを学習者に委ねる勇気を、日本語教師も持って良いのではないかと筆者（横溝）は強く思います。

column 3

バックワード・デザイン（逆向き設計）

　日本語教育の現場では、順番に何を教えていくかという「積み上げ」の発想でコースが捉えられることが少なくありません。たとえば、「前期の授業では、○○という教科書を使用する。第1課から始めて、授業開始から2ヵ月後に8課までの中間試験を行い、4ヵ月後に9課から15課までの期末試験を行う」という感じです。筆者自身も、この積み上げ発想で日本語コースを何度もデザイン・運営し、授業を行ってきたのですが、問題が生じることが多々ありました。それは、以下のようなことです。

- その教科書を15課まで使用して授業をした結果、日本語能力のどの部分がどのくらい伸びたのかが分からない。
- テストの内容が、「『それまでに自分が教えたこと』をどれだけ再生できるか」になっていて、そのテストでいい点数を取ることが、どれだけの日本語能力を意味するのかがよく分からない。
- 「中間試験の試験範囲を終わらせないと」という気持ちで、中間試験前に急いで授業を行う、あるいは中間試験対策の授業を行ってしまい、その授業によってどれだけ日本語能力を伸ばすことができたのかが分からない。

　これらの問題を解決する方法として提唱されているのが、「バックワード・デザイン（backward design：逆向き設計）」です。バックワード・デザインの考えでは、学期や学年末、または卒業／修了時に「何ができるようになってほしいか」「何を身につけておいてほしいか」という、教育成果を考えることからスタートします。

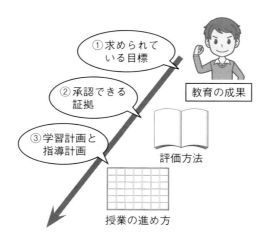

バックワード・デザインの流れ[1]

　次に、「できるようになってほしいことが、どのくらいできるようになったのか」を測定するための評価方法を考えます。これによって、到達目標がどれだけ達成できたのかを測ることが可能になります。その上で、「その評価方法で好成績を収めるために、どのような教材を使用し、どのような授業を行うのか」を考えます。このプロセスを経ることによって、「求められている目標（教育の成果）」「承認できる証拠（評価方法）」「学習経験と指導計画（どのような学習体験を学習者に与えるのか／どのような指導をするのか、すなわち授業の進め方）」の三位一体が実現できます。アクティブ・ラーニングは、「学習経験と指導計画（授業の進め方）」に位置する概念です[2]。

1　前田（2017）『マンガで知る教師の学び2―アクティブ・ラーニングとは何か―』さくら社、p.131.
2　西岡編（2016）『「資質・能力」を育てるパフォーマンス評価―アクティブ・ラーニングをどう充実させるか―』明治図書、p.14.

C 文法練習活動

ある文型が導入され、その文型の文法説明がなされた後すぐに、表現の自由度が高いコミュニケーション活動を行えれば良いのですが、十分な練習なしでは、学習者の負担が大きくなります。そこで「文法を自由に使って表現させる前に、教師がサポートしながら練習させ、文法規則の処理を自動化させておく」(田中・田中 2014: 116) ことが必要になります。文法規則の練習には、次の三つのタイプがあります[1]。

(1) 機械的な練習
(2) 意味的な練習
(3) コミュニカティブな活動

以下、「それぞれの練習での学習者の学びを、どうアクティブにするのか」について見ていきましょう。

1. 機械的な練習

機械的な練習は、文型の形式を練習するもので、「機械的ドリル」または「パターン・プラクティス (pattern practice)」と呼ばれる練習です。形式の確実な定着をめざして、文法的にも発音の面でも正しく言えるように何度も何度も練習します。機械的な練習には、次のような種類があります。

a. 反復練習
教師がある形を発話して、学習者がそれを真似て反復する練習。
　　　教師　：高いです。
　　　学習者：高いです。

b. 拡大練習
反復練習の一種であるが、モデルとなる教師の発話が少しずつ長くなる練習。

---

[1] Paulson (1976) *Teaching English as a second language: Techniques and procedures.* Cambridge: Winthrop. に基づく。詳しくは、田中・田中 (2014: 118-161) を参照。

教師　：高いです。
学習者：高いです。
教師　：コーヒーは高いです。
学習者：コーヒーは高いです。
教師　：レストランのコーヒーは高いです。
学習者：レストランのコーヒーは高いです。

c. 展開練習
　教師の発話に学習者が少しずつ要素を加えていって文を長くしていく練習。
　　　教　師　：高いです。
　　　学習者1：コーヒーは高いです。
　　　教　師　：レストランのコーヒーは高いです。
　　　学習者2：東京のレストランのコーヒーは高いです。

d. 代入練習
　文型などを身につけさせるための練習。
　　　教師　：高いです。(「大きい」というキューを与える)
　　　学習者：大きいです。
　キューは、(1) 教師の発話（教師が「大きい」と言うことにより、それが文型変化の鍵となる）、(2) フラッシュカード（「大きい」という文字を見せる）、(3) 絵・図・写真、(4) 教師のジェスチャー、(5) 実物（レアーリア）等によって出されます。入れ換える部分が2ヵ所以上になる場合もあります。
　　　教師　：コーヒーは高いですか。(「コーラ」「安い」というキューを与える)
　　　学習者：コーラは安いですか。

e. 転換練習
　教師のモデルを、別の形の新しい文に転換する練習。たとえば、現在形と過去形の転換であれば、以下のようになります。
　　　教師　：高いです。
　　　学習者：高かったです。

f. 結合練習
　教師が与える二つの文、あるいは文の要素を結合させる練習。

教師　：高いです。大きいです。
　　　学習者：高くて大きいです。

g.　応答練習
　　教師が質問し、学習者が答える練習。
　　　教師　：何が高いですか。　（キュー）田中さんの車
　　　学習者：田中さんの車が高いです。

　こういった練習は、「学習者にとって退屈だ」「これで文が作れるようになっても、実際のコミュニケーションで使えるとは言い難い」などという形で批判されることが少なくありません。しかし、教科書や練習帳のかなりの部分を、機械的な練習が占めていることが少なくありません。であれば、「この機械的な練習で、どのようにすれば学習者の学びをアクティブにできるのか」を考える必要が出てきます。
　機械的な練習から「退屈さ」を追放する一番の方法は、おそらく「テンポ良く進める」ではないかと思います。「教師が動詞のマス形の文字カードを見せ、学習者が『可能』を表す『～（る）ことができます』を言う」代入練習を例として、「どのようにすればテンポ良く進められるのか」に関する具体的方法を紹介します。

[具体的方法A]　適切なサイズの文字カードを、スピーディーにめくる。
　文字カードが「フラッシュ・カード」と呼ばれるのは、サッ、サッ、サッ、という素早いテンポで次々とフラッシュのように提示される場合です。学習者の集中力を高め維持するためにも、めくるスピードとタイミングに細心の配慮を払うことが求められます。「次に何が出るんだろう」と期待させつつ、「サッと出し

て、サッと引っ込める」という心がけが必要です[2]。一つの方法として、右のような持ち方をして[3]、そして、左手の親指でカードを上に引き出し、右手で後ろから前に送る、というやり方があります。

　この「後ろから前に送る」方法で使用する文字カードですが、裏面の一部（筆者は右上を使用します）に、表面と同じ内容を書いておけば、文字カードの表面に書かれている内容が何かをいちいち確認する必要がなくなります（前に送る直前に見ることができますので）。このことによって、テンポの崩れも防げますし、学習者とのアイコンタクトの継続も可能です。

表面　　　　　　　　　　裏面

[具体的方法 B] 指名の仕方を工夫する。

　指名の仕方を工夫することで、テンポの良い授業にすることができます。まずは、「誰に当てるか」ですが、機械的な練習の場合は、学習者全体と学習者個人を組み合わせるようにしましょう。こんな感じです。

　　　教　　師　：話します
　　　学習者全体：話すことができます
　　　教　　師　：話します
　　　学習者全体：話すことができます
　　　学習者A：話すことができます
　　　学習者B：話すことができます
　　　学習者C：話すことができます
　　　学習者D：話すことができます
　　　教　　師　：話します
　　　学習者全体：話すことができます

2　浅倉・遠藤・春原・松本・山本（2000）『日本語教師必携ハート＆テクニック』アルク
3　瀧沢（2008b）『新卒1年目　授業崩壊に至らない必須ワザ13（ビギナー教師の英語授業づくり入門④）』明治図書

教　師：食べます
学習者全体：食べることができます（以下、省略）

次に、「どんな順番で当てるか」ですが、個人指名は「ランダム指名」を心がけましょう。このほうが多少の緊張感が作り出せます。

そして「どんな方法で、指名していることを伝えるか」ですが、機械的な練習の場合は「アイコンタクトとジェスチャー（手を使用）で伝える」が望ましいでしょう。学習者一人ひとりの名前を授業中に呼ぶことはとても大切ですが、機械的な練習をテンポ良く進めるためには、「あえて名前を呼ばない」という選択をしてもいいと思います。

[具体的方法 C] フィードバックの与え方を工夫する。

学習者の発話に対する反応、すなわちフィードバックですが、発話が正しい場合の肯定的フィードバックは「（うなずきながら）ハイ／ウン」程度で短めに、間違っている場合の否定的フィードバックは「正解文の提示」を基本としながらフィードバックを与えると、機械的な練習をテンポ良く進めることができます。こんな感じです。

教　師：（全体にアイコンタクトとジェスチャーを送って）話します。
学習者全体：話すことができます。
教　師：（全体にアイコンタクトとジェスチャーを送って）話します。
学習者全体：話すことができます。
教　師：（学習者Aを指名して）話します。
学習者A：話すことができます。
教　師：（うなずきながら）ハイ。（学習者Bを指名して）

学習者B：話す…できます。
教　　師：（ちょっと違うよ、という顔をして）話すことができます。
学習者B：話すことができます。
教　　師：（うなずきながら）ハイ。（学習者Cを指名して）
学習者C：話すことができます。
教　　師：（うなずきながら）ハイ。（学習者Dを指名して）
学習者D：話すことができます。
教　　師：（うなずきながら）ハイ。（全体にアイコンタクトとジェスチャーを送って）話します。
学習者全体：話すことができます。
教　　師：（全体にアイコンタクトとジェスチャーを送って）食べます。
学習者全体：食べることができます。　　　　　　　　（以下、省略）

　また、機械的な練習で一番基本的な「反復練習」の場合は、学習者は教師の発話を真似て言うだけですので、肯定的フィードバックは「（できればニッコリと）うなずく」程度にしておき、モデル文（正解文）を学習者の発話ごとに挟む形を採れば、学習者が真似しやすくなるだけでなく、テンポ良く進められます。こんな感じです。

教　　師：（全体にアイコンタクトとジェスチャーを送って）話します。
学習者全体：話します。
教　　師：（うなずいた後、全体にアイコンタクトとジェスチャーを送って）話します。
学習者全体：話します。
教　　師：（うなずいた後、アイコンタクトとジェスチャーで学習者Aを指名して）話します。
学習者A：話します。
教　　師：（うなずいた後、アイコンタクトとジェスチャーで学習者Bを指名して）話します。
学習者B：話します。
教　　師：（うなずいた後、アイコンタクトとジェスチャーで学習者Cを指名して）話します。
学習者C：話します。

       教　　師　：（うなずいた後、アイコンタクトとジェスチャーで学習者Dを
　　　　　　　　　指名して）話します。
       学習者D：話します。
       教　　師　：（うなずいた後、全体にアイコンタクトとジェスチャーを送っ
　　　　　　　　　て）話します。
       学習者全体：話します。
       教　　師　：（全体にアイコンタクトとジェスチャーを送って）食べます。
       学習者全体：食べます。　　　　　　　　　　　　　　　　（以下、省略）

[具体的方法D] 長時間行わない。

　上述のような形で機械的な練習を行えば、かなりテンポ良く進められます。テンポ良く進められている間、学習者は練習に集中していますので、「アクティブな学び」が実現していると考えて良いでしょう。しかしながら、テンポ良く進められる機械的な練習は、高い集中力の継続を学習者に要求するのも事実です。長すぎると、集中力が持たなくなります。どの程度行えるかは、学習者にもよりますが、筆者（横溝）は5分から10分が限界ではないかという考えです。「学習者の集中力が持続しているかどうか」をしっかりとモニターしながら、機械的な練習を行うように努めてください。

2.　意味的な練習

　意味的な練習は、文法の形式（form）と意味（meaning）を結びつける練習です。学習者は文の形式だけでなく、新しい文法を使った文を理解したり、表出したりする必要があります。意味の理解に意識が向いているとはいえ、正解はすでに決まっており、教師はすでに知っている情報を使って練習を行います。意味的な練習には、理解型の練習（comprehension practice）と表出型の練習（production practice）とがあります（田中・田中 2014: 126）。

　［理解型の練習］
　　文法項目を含む発話や文を聞いたり読んだりして、その意味を理解する。
　［表出型の練習］
　　ある意味を表現するために、文法項目を使って話したり書いたりする。

以下、「理解型の練習」と「表出型の練習」に分けて、「それぞれの練習での学習者の学びを、どうアクティブにするのか」について見ていきましょう。

a. 理解型の練習

理解型の練習の例として、「〜（る）前に、…。」の練習を見てみましょう。

このような練習を通じて、「〜（る）前に、…。」の意味を理解させることができます。こういう練習は、文型と意味のつながりを把握するにはとても大切な練習ですが、学習者の頭の中はどうでしょうか。アクティブに活動していると言えるでしょうか。「文を聞いて、行動の前後を選択する」という作業に従事してはいるものの、「聞く内容には、特には興味がない」状態になってはいないでしょうか。

この問題の解決には、「文自体を身近にする」方法が効果的です。身近にする方法の一つが、「聞く題材に文脈を与え、現実的にする」方法です。例として、フォーカス・オン・フォームの「明示的な注意の引き方」の中の「インプット処理指導（processing instruction）」を挙げます。「インプット処理指導」とは、「特定の文法項目をしっかりと聞いていないと正しく理解できないようなリスニング・タスクを使って、学習者の処理能力を鍛えることを狙いとしている」（和泉 2009: 153-154）指導法です。以下は、筆者（横溝）作成のリスニング教材です。

会議の準備をしよう

You are preparing for a formal meeting with your boss. He will give directions and of course, you have to follow them. Listen to his directions carefully, and choose your behaviors without any mistake.

1. Open the window
   - ☐ Yes, I will do it.
   - ☐ No, I will not do it.

2. Turn on a CD player
   - ☐ Yes, I will do it.
   - ☐ No, I will not do it.

3. Serve a cup of tea
   - ☐ Yes, I will do it.
   - ☐ No, I will not do it.

4. Turn on an air conditioner
   - ☐ Yes, I will do it.
   - ☐ No, I will not do it.

5. Clean the room
   - ☐ Yes, I will do it.
   - ☐ No, I will not do it.

6. Send an E-mail to all members
   - ☐ Yes, I will do it.
   - ☐ No, I will not do it.

(Listening Script)
1. 社員：窓はどうしましょうか。
   社長：開けなくてもいいです。
2. 社員：CDはどうしましょうか。
   社長：会議が始まるまでは、かけておいてください。
3. 社員：紅茶はどうしましょうか。
   社長：会議はすぐ終わるから、入れなくてもいいです。
4. 社員：エアコンはどうしましょうか。
   社長：今日は少し暑いから、つけておいてください。
5. 社員：部屋の掃除はどうしましょうか。
   社長：あまり時間がないから、しなくてもいいです。
6. 社員：E-mailを全員に送りましょうか。
   社長：昨日も話したから、送らなくてもいいです。

この練習では、「『〜なくてもいいです』『〜ておいてください』という文法項目を正しく聴きとらないと、ボスの指示に従った会議の準備ができない」という文脈が与えられています。そのことによって、学習者にとっては、より現実的な聴きとり作業になっています。

　「文自体を身近にする」もう一つの方法は、「身近な人を題材にする」方法です。同様に、「インプット処理指導」の例を挙げてみます。以下は、筆者（横溝）作成の教材です。

先生のこと、どれだけ知っているかな？
How well do you know your teacher?

Listen/Read and select the phrase that best completes each statement about your teacher. Afterward, he/she will tell you if you are correct or not.

朝：
　1. ご飯を食べる前に、
　　　a. 歯を磨く
　　　b. お風呂に入る
　　　c. もう一度、寝る
昼：
　1. 家に帰る前に、
　　　a. 学生の宿題をチェックする
　　　b. お茶を飲む
　　　c. 家に電話をかける
夜：
　1. 寝る前に、
　　　a. 本を読む
　　　b. お酒を飲む
　　　c. E-mail をチェックする

　身近な人（先生）の習慣ですので、学習者の好奇心をくすぐるリスニング／リーディング教材になっています。クラスメイトや他の先生方などの「事実」をもとに、同様の練習は、数多く作ることができるでしょう。

C　文法練習活動 ｜ 81

b. 表出型の練習

　表出型の練習としては、「絵などを見ながら、学習項目を使って文を作成する活動」がよく用いられます。たとえば、以下のような絵を見せ、「こうたはたかおより若いです」「あすかはまきより背が高いです」などの文を作らせます。

あすか　まき　まい　りょう　こうた　たかお
(21歳)　(15歳)　(25歳)　(35歳)　(19歳)　(35歳)

　このような練習を通じて、意味を考えながら比較級の文を作らせることができます。この練習も、文型と意味のつながりを考えながら文を作るという点ではとても大切な練習ですが、学習者の頭の中はどうでしょうか。アクティブに活動していると言えるでしょうか。「ただ単に絵を見て、作れそうな文を作る」という作業に従事してはいるものの、「特に他の人に伝えたい内容ではない」状態になってはいないでしょうか。

　この問題を解決するには、「伝えたい内容にする」方法が効果的です。意見が分かれそうな状況を与え、「こうじゃないか」「いや、こうじゃないか」という状態に学習者を置けば、学習者はおのずと自分の考えを伝え合い始めます。たとえば、以下のように聞けば、必死で数え始め、自分の回答を言ってくるでしょう。

「○はいくつありますか？」　　「△はいくつありますか？」

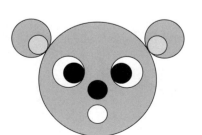
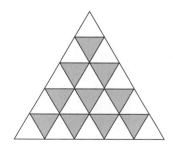

そして、自分とは違う答えが出てくると、再び数え直すでしょう。同様の工夫を比較級で挙げます[4]。

> 1. 頭の中で、硬貨を、サイズの大きい順に並べてください。
>   （　　　）5円
>   （　　　）10円
>   （　　　）50円
>   （　　　）100円
>
> 2. ペアで意見を、交互に言い合いましょう。
>
> ＊「AよりBのほうが、大きい／小さいです」という比較級の文を使ってください。最上級は使ってはいけません！

毎日使っている硬貨ですので、サイズは把握していそうですが、意外と意見が分かれます。「いや、こっちのほうが大きい／小さい」という意見の伝え合いが、活発に行われます。そして、しばらく経つと、「自分の考えが正しいかどうか」を確認するために、財布の中から硬貨を出したくなります。こういった状態でしたら、「脳がアクティブに活動している」と言えるでしょう。

3. コミュニカティブな活動

コミュニカティブな活動は、「形式（form）と意味（meaning）と機能（function）に意識を向け、形式と意味と働きの統合を図る」ものです。「習った文法を使ってコミュニケーションができることを体験させ、学習者に達成感を持たせて終わることが重要」です（田中・田中 2014: 118）。

コミュニカティブな活動では、「どのようなコミュニケーションを学習者に行わせるか」がとても重要です。そこで、ペアやグループで「お互いが知らない情報をやりとりする活動」、すなわち「インフォメーション・ギャップがある活動」が行われることが少なくありません。たとえば、以下のような表を活用して、学習者同士で「○○をしたことがあるか」を聞き合う活動をさせることができま

4　この活動は、高島編（2000）『実践的コミュニケーション能力のための英語のタスク活動と文法指導』大修館書店、p.153.をもとにしている。

す[5]。

アクティビティ＼名前	あなた	クラスメート1	クラスメート2	クラスメート3	クラスメート4
日本の映画を見る	Y/N	Y/N	Y/N	Y/N	Y/N
日本の音楽を聞く	Y/N	Y/N	Y/N	Y/N	Y/N
日本酒を飲む	Y/N	Y/N	Y/N	Y/N	Y/N
日本語で手紙を書く	Y/N	Y/N	Y/N	Y/N	Y/N
納豆を食べる	Y/N	Y/N	Y/N	Y/N	Y/N
ラスベガスへの旅行	Y/N	Y/N	Y/N	Y/N	Y/N

学習者同士の対話は次のようなものになります。
　A：日本の映画を見たことがありますか。
　B：(自分の事実に基づいて) はい、あります。
　A：どうでしたか。
　B：(自分の主観に基づいて) とてもおもしろかったです。
　A：そうですか。

または、
　A：日本の映画を見たことがありますか。
　B：(自分の事実に基づいて) いいえ、ありません。
　A：そうですか。

　このような形で、「お互いに知らないことを伝え合う」コミュニケーション活動を学習者に提供することができます。それまで練習してきた「〜たことがあります／ありません」を使いながら、学習者間に自然なコミュニケーションが実現しているという点ではとても大切な練習ですが、学習者の頭の中はどうでしょう。アクティブに活動していると言えるでしょうか。「教師によって与えられた項目について、相手のことを聞き理解する」という作業に従事してはいるものの、「特に聞きたい内容ではない」状態になってはいないでしょうか。
　この問題の解決には、「相手から情報を得る必要がある状況」を与える方法が効果的です。以下の例をご覧ください。

5　横溝（1997）『ドリルの鉄人―コミュニカティブなドリルからロールプレイへ―』アルク、pp.179-180.

Situation:

You and your partner are co-managers of a restaurant. You decided to hire 一人のアルバイト (one part-time worker) and four people have applied. Complete your chart by asking/answering questions. In doing so, take turns to ask and answer questions regarding the four applicants without looking at your partner's chart. When you finish completing your chart together, please discuss and decide who you are going hire.

Task chart (no information)

Name of applicants	Paul	Anna	John	Nicole
Can start (to work) tomorrow				
Can cook				
Can speak Japanese				
Can work on weekends				
Can drive a car (for delivery)				

◎ : Yes.   ○ : Yes, only a little bit.   △ : No, not much.   × : No.

Task chart for person A

Name of applicants	Paul	Anna	John	Nicole
Can start (to work) tomorrow	×			◎
Can cook		△	○	
Can speak Japanese	◎			×
Can work on weekends		○	△	
Can drive a car (for delivery)	×			◎

◎ : Yes.   ○ : Yes, only a little bit.   △ : No, not much.   × : No.

Task chart for person B

Name of applicants	Paul	Anna	John	Nicole
Can start (to work) tomorrow		◎	×	
Can cook	◎			×
Can speak Japanese		△	○	
Can work on weekends	×			◎
Can drive a car (for delivery)		×	◎	

◎ : Yes.   ○ : Yes, only a little bit.   △ : No, not much.   × : No.

この活動でのAさんとBさんの会話は、以下のようになります。

A：〜さんは明日から働けますか。
B：はい、働けます／いいえ、働けません。

A：〜さんは、料理ができますか。
B：はい、できます／はい、少しだけできます／いいえ、あまりできません／いいえ、できません。

　この活動で特徴的なのは、「お互いに情報を伝え合い、チャートを完成した後に、誰を雇うか話し合うことが求められている」点です。別のことばで言えば、「交換した情報が、与えられたタスクの遂行に役立てられる」点です。各応募者の情報は教師によって意図的に与えられてはいますが、前述のペアワークの「ただ単に、お互いの経験を（〜たことがある／ありませんを使って）聞き合う」活動に比べると、「情報を交換する意味」という点ではるかに勝っていると思います。
　「交換した情報を与えられたタスクの遂行に役立てる」活動をもう一つ見てみましょう。

Step 1
　Indicate if you do each of the following activities by using:

　　いつも (always)，よく (often)，ときどき (sometimes)，あまり (not often/not much)，ほとんど (hardly/scarcely)，ぜんぜん (never)

Activities　　　　　いつも　よく　ときどき　あまり　ほとんど　ぜんぜん

Read a book
Listen to music
Take a shower
Brush teeth
Go jogging
Eat breakfast
Drink beer/wine
Others

Step 2
Using the information from Step 1, create a series of questions to ask your classmate during the interview.

Step 3
Interview your classmates.

Step 4
Prepare a set of statements in which you compare what you do and what your classmate does using the ideas from Step 1, 2 and 3. You will present your results to the class. After you have received feedback from other classmates, you will draw some conclusions about the student's habits.

この活動では、「交換した情報に基づいて、クラスメートの習慣についてコメントを考え、それをクラス全体に発表する」というタスクが与えられています。クラスメートについての未知の情報が得られれば、発表をする／聞く意味もぐっと増すでしょう。

4. 自己表現活動

横溝（2011: 237-238）は、「ことばを通じてのコミュニケーションが生み出すもの」について、以下のように述べています[6]。

> まず、自分と他者がことばを交わしコミュニケートします（図1）。それによって、話し相手に対する理解（他者理解）が深まるとともに、自分自身についての理解（自己理解）も深まります（図2）。そのことは、話し相手にも同様に起こります（図3）。コミュニケーションを重ねることによって、お互いを理解し合える「相互理解」へと進んでいきます（図4）。

6　横溝（2011）『クラスルーム運営（日本語教師のための TIPS 77　第1巻）』くろしお出版

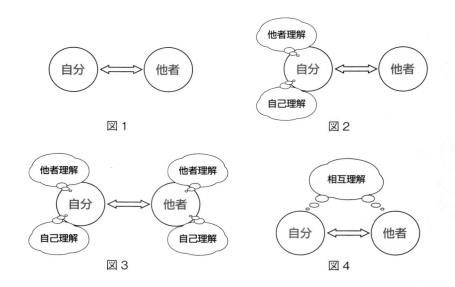

図1

図2

図3

図4

　このように私は、ことばによるコミュニケーションが、自己理解・他者理解・相互理解へとつながる、と考えています。そして、こういったコミュニケーションを通じての「理解」こそが、より良い社会の実現へとつながると信じています。

　以上のプロセスを実現するためには、学習者による「自己表現」が必要不可欠です。自己表現活動とは、簡単なことばで言えば、学習者が「自分の思いや考えを伝える」（田中・田中 2003: 8）活動であり、「自分の知っていることや考えていること、あるいは気持ちを他者に表現する」（川口・横溝 2005a: 134）活動を指します。

　コミュニカティブな活動として自己表現活動を取り入れると、学習者の頭は非常にアクティブに働きます。「自己表現活動をどのように行わせるべきか」について、田中・田中（2003: 29）は、以下の四つのポイントを挙げています[7]。

「自己表現したい！」と学習者に感じさせる4つのポイント
　（1）必然性を高める。
　　　　　どんな場面・状況で、誰に対して、何の目的で伝えるかをはっきりさ

7　田中・田中（2003）『「自己表現活動」を取り入れた英語授業』大修館書店

　　　　せる。
（2）具体性を高める。
　　　　活動内容を具体的にイメージさせ、活動に取り組ませる。
（3）自己関連性を高める。
　　　　話す内容をできるだけ、学習者に関連性の高いものにする。
（4）自由度を高める。
　　　　学習者が自分の意思や判断で主体的に表現できるようにする。

　各ポイントを一つひとつ見ていきましょう。

［自己表現活動のポイント 1］必然性を高める

　実生活で人が何かを表現する時は、「どんな場面・状況で、誰に対して、何の目的で伝えるか」を意識しています。それなしでは、どう表現したらいいのか途方に暮れてしまいます。そういう意味で、以下のような練習は、あまりにも乱暴です。

　　　ことばを入れて文を完成させなさい。

　　　　　　＿＿＿＿＿＿＿＿＿＿＿＿＿＿たほうがいいです。

「したほうがいいこと」は、場面・状況によって違いますし、アドバイスできることは相手によっても違います。しかも目的によってアドバイスする内容も違ってきます。そこで、この練習を以下のような形に変えてみます。

　　　日本の友だちが、来週あなたの国に行くことになりました。友だちは、きれいなところと買い物が大好きです。友だちにアドバイスをしてください。

　　　　　　＿＿＿＿＿＿＿＿＿＿＿＿＿＿たほうがいいです。
　　　　　　＿＿＿＿＿＿＿＿＿＿＿＿＿＿たほうがいいです。
　　　　　　＿＿＿＿＿＿＿＿＿＿＿＿＿＿たほうがいいです。
　　　　　　＿＿＿＿＿＿＿＿＿＿＿＿＿＿たほうがいいです。

　このように変えれば、アドバイスがずいぶんしやすくなるだけでなく、自分の

国のいいところを伝えたくなります。

［自己表現活動のポイント2］具体性を高める

　伝える内容が明確になっていない状況で、自己表現活動を行うのは困難です。そういう意味で、以下のようなテーマは、けっこう難しいです。

　　　　　夏休みの思い出を、自由に話しましょう。

　急に聞かれても、夏休みに何があったか思いつかない学習者もいますし、思いついた内容をどの順番で伝え、どうまとめるかなどを瞬時に判断することはたやすいことではありません。こういった場合は、それをどう伝えるといいのかについて活動内容を具体的にイメージさせ、ブレーンストーミング（詳しくはp.104）をさせることで、「背景知識の活性化」を図ります。たとえば、以下のようなマッピングで、何があったかを思い出し、それを整理してみると、ぐっと伝えやすくなります。

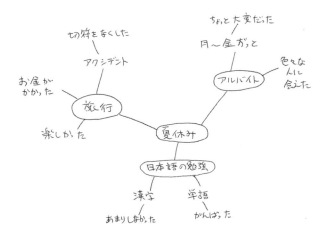

ブレーンストーミングの例

［自己表現活動のポイント3］自己関連性を高める

　「自分に関係のないこと」を伝えるのは、そもそも自己表現活動ではありません。以下の例をご覧ください。

カッコ内の語を、文に合うように形を変えて入れなさい。

私は昨日＿＿＿＿＿＿、＿＿＿＿＿＿、＿＿＿＿＿＿＿＿、寝ました。
　　　（本を読む）　（勉強する）　（テレビを見る）

　この「テ形を使い、文を完成させる」練習ですが、学習者が「昨日、本を読んで、勉強して、テレビを見て、寝た」保証はどこにもありません。きっと、そうでない学習者のほうが多いでしょう。こういう練習は、自己関連性が低い練習であり、学習者が表現したい内容では、決してありません。それをこう変えてみます。

　　昨日の夜、学校から帰ってから寝るまでにしたことを、言ってください。

　こうすることで、学習者は「ホントの自分」を表現することができます。また、こんな活動も考えられます[8]。

---

1. パートナーを選ぶときの条件を、あなたにとって重要な順番に並べてください。
　　（　　　）ルックス
　　（　　　）誠実さ
　　（　　　）お金
　　（　　　）健康
2. ペアでお互いの意見を言いましょう。

＊「〜より…のほうが大切です」という比較級の文を使ってください。最上級は使ってはいけません！

　この活動では、意見がかなり分かれます。「え？　あなた、そうなの？」という声がペアの間で出始めます。まさに「自分の意見のぶつかり合い」という感じで、「自己関連性」が非常に高い活動だと言えるでしょう。もう一つ例を紹介します（林・森泉 1995）。

8　この活動は、高島編（2000: 153）をもとにしている。

C　文法練習活動　｜　91

> 1. あなたの（未来の）パートナーにしてあげたいこと、してもらいたいことを考えてください。例えば、あたたかい家庭を作る、おいしい料理を作る、家の中をきれいにする…。
>   a.（未来の）パートナーにしてあげたいこと
>   ・＿＿＿＿＿＿＿＿＿＿＿＿＿＿＿＿＿てあげたいです。
>   b.（未来の）パートナーにしてもらいたいこと
>   ・＿＿＿＿＿＿＿＿＿＿＿＿＿＿＿＿＿てもらいたいです。
> 2. ペアでお互いの意見を言いましょう。

　この活動でも、さまざまな表現が出てきます。「え？　そうなの？」や「ああ、私もそう思う」というやりとりが自然に生まれます。この活動も「自己関連性」が非常に高い活動だと言えるでしょう。

［自己表現活動のポイント4］自由度を高める
　活動の自由度が高まれば、「自由に何でも言っていい」状態になるのですから、「学習者は自分の意思や判断で主体的に表現をしていく」だろうと考えられています。確かに、「これはこの通りにしないといけない」というルールから解放されるのですから、学習者の自主性は増しそうです。しかしながら、ここで問題となるのが、「自分が言いたいことを自主的に言える学習者があまりいない」という点です（特に初級の場合）。それを克服するには、二つの方法が考えられます（田中・田中 2003: 69）。

（1）モデルを見せて、始めはその真似をさせて、だんだん自分でアレンジするように勧める
（2）「選択肢を与え学習者の判断で選ばせる」という形で、課題に対しての自己関連性を高める

　このような形で、「必然性」「具体性」「自己関連性」「自由度」を高めることに心がけて、自己表現活動を行わせれば、学習者の頭の中は非常にアクティブに活動するでしょう。

column 4

Can-Do リスト

　Can-Do リストとは、Can-Do Descriptors と呼ばれる「目標言語でできる行動」についての記述をリストアップしたものです。コラム3「バックワード・デザイン」（pp.70-71）で紹介した「求められている目標（教育の成果）」「承認できる証拠（評価方法）」「学習経験と指導計画（授業の進め方）」の三位一体のうち、Can-Do リストは、「求められている目標（教育の成果）」に当たります。Can-Do リストの例として、東京外国語大学留学生日本語教育センターが作成した「AJ Can-do リスト（聴解）」の記述を見てみましょう[1]。

　初級1
　・ゆっくりはっきりと話されれば、時間や曜日、出身や専門などごく身近なトピックに関する短い話が理解できる。
　・ゆっくりはっきりと話されれば、宿題や教室活動に関する簡単な指示や説明が理解できる。
　初級2
　・はっきりと話されれば、大学生活や日本の習慣など身近な生活場面に関する話が理解できる。
　・はっきりと話されれば、授業や学校行事など大学生活に関する簡単な指示や説明が理解できる。

　このようなリストを作成するのにはかなりの時間とエネルギーを要するのですが、日本語教師にとっては、リスト作成は、以下のようなメリットがあります。

　（1）具体的な目標を持って、指導と評価を行うことができるようになる。
　（2）（同じ教育機関に属する教師が協力して作成すれば）教師同士が指導に関する共通理解を持つことができるようになる。
　（3）日本語クラスのタテおよびヨコの連携強化につながる（同じレベルのク

---

[1] 「AJ Can-do リスト抜粋版：聴解　東京外国語大学留学生日本語教育センター　2017年3月21日版」<http://www.tufs.ac.jp/common/jlc/kyoten/development/ajcan-do/cando_list/02_choukai/bassui_choukai.html> より抜粋。

ラス同士で共通の具体的目標を共有できる、上と下のレベルとのつながりが良くなる)。
（4）（Can-Do リストの記述内容の実現をめざす中で）より多くの言語活動を取り入れた授業を試みるようになる。

学習者にとっては、次のようなメリットがあるでしょう。

（1）Can-Do リストの学習到達目標が達成できているかどうかを振り返ることにより、次の目標を自ら設定したり、足りないところを補おうとしたりする意識が芽生える。
（2）単語や文法を練習するなどの学習活動や日本語を使った言語活動の一つひとつが、目標達成のために行う意味のある活動であることが理解できる。
（3）日本語を使って具体的に何ができるのか、他者に伝えることができる。

D　スピーキングの指導

ここでは、以下の二つの活動について考えてみたいと思います。

(1) ロール・プレイ[1]
(2) スピーチ

1. ロール・プレイ

　ロール・プレイとは、「役割を演じることでコミュニケーション能力を育成する教室活動」のことです[2]。日本語教師にとってはなじみの深い教室活動ですが、その中でも一番なじみ深いのが、「教科書に掲載された対話文」を使ったロール・プレイだと思います。たとえば、以下のような対話文を使う場合です[3]。

　　ラオ：もしもし、佐藤さんですか。ラオです。
　　佐藤：ああ、ラオさん。こんばんは。
　　ラオ：あした暇ですか。
　　佐藤：ええ。
　　ラオ：じゃ、いっしょに横浜で映画を見ませんか。
　　佐藤：いいですね。どこで会いますか。
　　ラオ：3時に横浜駅で会いましょう。
　　佐藤：分かりました。
　　ラオ：じゃ、またあした。

　教科書内の対話文を覚えてそのまま演じる活動には、「本文の内容理解を深めたり、文法事項や様々な表現を定着させたり、物怖じせずに英語を話す態度を

1　ロール・プレイ／ドラマ／スキットの違いについて、JACET教育問題研究会編（2012）は「ロール・プレイ＝学習者に役割と現実的な状況を与え、その役割の中で対話を行わせる活動」「ドラマ＝学習者に現実的な状況を与え、目標言語を使わせる活動」「スキット＝短めのドラマ」としているが、本書では「ロール・プレイ」という用語をカバータームとして使用する。
2　青山・片桐・篠崎・世良・吉川（2012）『日本語教育能力検定試験重要キーワード集300（NAFL日本語教師養成プログラム）』アルク、pp.216-217.
3　海外技術者研修協会編（1990）『しんにほんごのきそI　本冊［漢字かなまじり版］』スリーエーネットワーク、p.45.

養ったりできる」[4]というメリットがあると言われています。

しかしながら、実際に対話文を覚えて演じる練習をさせてみると、つまらなそうにしている学習者が散見されます。つまらなそうにしている状態では、「学習者の学びがアクティブなものである」とは言えないでしょう。「教科書の対話文をそのまま演じるロール・プレイ」で、学習者の学びをどうアクティブにできるのか、考えてみましょう。

このタイプのロール・プレイを行うまでの基本的な指導手順として、本多（2009: 181-182）は以下の手順を挙げています[5]。

a. 教科書本文の内容理解
b. 音読指導
c. ペア（グループ）による練習
d. ロール・プレイ本番

一つひとつ見ていきましょう。

a. 教科書本文の内容理解

覚えるのが対話文であれば、その文を発した登場人物は何かしらの感情を有しているはずです。日本語の「表面的な意味だけでなく、場面や登場人物の心情などをしっかりと理解させる」（本多 2009: 181）ことが必要不可欠です。「場面や登場人物の心情を、自分たちでしっかりと理解してください」と言われても、学習者には（特に慣れるまでは）たやすいことではありません。そんな時は、教師のほうから「なぜ、○○と言ったのですか」「その時の△△さんの気持ちは？」等と問いかけてあげるといいでしょう。たとえば、次の対話を見てください[6]。

ラオ：新宿までいくらですか。
佐藤：230円です。
ラオ：困ったな。細かいお金がありません。
佐藤：大丈夫ですよ。ここに千円札を入れて、230円のボタンを押すと、

4　本多（2015）「スピーチやスキットのさせ方は？」樋口・高橋編『Q&A中学英語指導法事典―現場の悩み152に答える―』教育出版、pp.106-107.

5　本多（2009）「スピーキング」金谷編『英語授業ハンドブック〈中学校編〉』大修館書店、pp.177-206.

6　海外技術者研修協会編（1990: 189）より。

　　　　　切符とお釣りが出ます。
　　　ラオ：このボタンは何に使いますか。
　　　佐藤：同じ切符を2枚買うとき、使います。

上記の対話に対するどんな問いが考えられるでしょうか。

・「新宿までいくらですか」とラオさんが聞いたのはなぜですか。
・その時、ラオさんはどんな気持ちでしたか。
・230円と聞いた時、ラオさんは高いと思いましたか、安いと思いましたか。
・ラオさんはなぜ「細かいお金がありません」と言ったのですか。
・佐藤さんが、切符の買い方を説明したのはなぜですか。
・佐藤さんに切符の買い方を説明されて、ラオさんはどう感じましたか。

こういった問いに対する「唯一の正解」は特にないのですが、「ああじゃないか、こうじゃないか」と考えを巡らせることで、対話が行われた場面や登場人物の心情についての理解が深まります。

b.　音読指導

　対話文を覚えさせ、演じさせる時には、文そのものを読まないように「暗唱」できるレベルにまで指導する必要があります。また、対話文ですので、どこを強調するのか、どのようなイントネーションで言うのか等に、気を配らせる必要があります。上掲のような形で、場面や登場人物の心情についての理解が深まっていれば、強調部分やイントネーションについて、考えやすくなるでしょう。

c.　ペア（グループ）による練習

　ペア（グループ）内で配役を決め、演じる練習をする時は、基本的に立たせて行うべきです。以下の項目について指導する必要があります[7]。

　（1）感情の込め方
　　　　感情を込められるところは、音調を変えたり、声量を変えたり、スピードを変えたりすることで、自分なりの感情の込め方を工夫させる。

7　本多（2009: 181-182）に基づく。

(2) 視線の配り方

基本的には相手の目を見ながら話をさせる。場面や状況によっては、遠くを見たり、下を向きながら話したりといった工夫をさせる。

(3) ジェスチャーの使い方

指示代名詞が使われているところで指さしたり、自分や相手を手で示したり、数を指で示したり、喜びや悲しみを表現させたりなど、ジェスチャーを工夫させる。

(4) 立ち方

基本的には聞き手のほうに少し体を向かせて演じさせる。3人以上の場合は、聞き手から見て、身体が重ならないように立ち位置に気をつけるよう指示する。

これらの項目のうち、(1)〜(3) は、場面や登場人物の心情についての理解が深まっていれば、学習者はそれほど難しいと感じずに練習ができるでしょう。このことを別のことばで言えば、「場面や登場人物の心情についての理解が深まらない状態で、対話文を練習させてはならない」となります。

d. ロール・プレイ本番

学習者がロール・プレイを発表する時には、「対話文を見ずに」が基本中の基本です。これまで見てきたような形で、しっかりと練習した後であれば、ロール・プレイ本番を学習者が行うことは特に難しくないと思います。しかし、学習者にとって「対話文を思い出す」ための何らかの「手立て」がどうしても必要な場合、どのような手立てを提供することができるでしょうか。以下のような手立てが考えられるでしょう。

- 話の流れを短い文で示す
- 話の流れを絵で示す

「話の流れを短い文で示す方法」ですが、日本語初級学習者の場合は、媒介語を使用する必要があるでしょう。たとえば、まず、以下の会話文を覚えます[8]。

---

8 筑波ランゲージグループ (2007)『Situational Functional Japanese Volume I: Notes Second Edition』凡人社、p.76.

［宿舎で］
　ブラウン：あの、すみません。
　女子学生：はい。
　　　　　　＊＊＊
　ブラウン：あの、せんたく機はどこでしょうか。
　女子学生：せんたく機。
　ブラウン：ええ。
　　　　　　場所、わかりますか。
　女子学生：せんたく機なら、4階のあっち側にありますよ。
　ブラウン：4階ですか。
　女子学生：ええ。そっちに階段がありますから。
　ブラウン：はい。
　　　　　　＊＊＊
　　　　　　どうもありがとうございました。
　女子学生：どういたしまして。

　この対話文を覚えて演じる際に、もし思い出すことができなかったら、話の流れを短い文で示します。

［媒介語による話の流れの提示］
　　（In the dormitory）
　　Start a conversation
　　　　↓
　　Asking/Answering the whereabouts (especially the washing machine)
　　　　↓
　　Ending the conversation

　また、「話の流れを絵で示す方法」ですが、まず、以下の会話文を覚えます[9]。

　　やまだ：すみませんが、スミスさんですか。
　　　？　：いえ、ちがいます…。

9　清（2018）『しごとの日本語　FOR BEGINNERS　会話編』アルク、p.38.

D　スピーキングの指導　｜　99

やまだ：あ、どうもすみません。
　？　：いえ。
やまだ：すみませんが、スミスさんですか。
スミス：はい、そうです。スミスです。
やまだ：はじめまして、やまだです。
　　　　どうぞよろしく。
スミス：はじめまして、スミスです。
　　　　どうぞよろしく。

　この対話文を覚えて演じる際に、もし思い出すことができなかったら、話の流れを絵で示します。

［絵による話の流れの提示］

　以上のような「手立て」の使用が可能ですが、これらの使用はあくまで「最終手段」であり、段階を踏んだ練習をしっかりとした後でロール・プレイ本番を行うのが基本であることを忘れてはいけません。
　ここまで、「d. ロール・プレイ本番をどのようにして行えば良いのか」について見てきましたが、実際のところ、「練習後に発表する形式」が採用されると（教室全体の学習者が全員、順番でクラス全体に向かって発表する場合は特に）、

他の学習者の発表に興味を示さない学習者が数多く出てきます。発表されるロール・プレイの内容がまったく同じであれば、この傾向は特に強くなります。また、発表が終わった学習者は安心して、注意力が散漫になりがちですし、発表がまだの学習者は自分の出番が来るまで他の学習者の発表をよそに、個人練習をしていたりします。このような状態になると、発表時間自体が「陳腐で面白くない」[10]ものになってしまいます。

　全体発表を行うリスクについて、田尻（2014: 121）は以下のように指摘しています[11]。

　　　全体発表やスピーチ、前に出て発表などは本当に必要か、必然性があるかなどを考える。リスナーが聞きたいと思わない発表や、学習ではなく単に何かを披露するだけの発表は無駄な時間を作り出すし、全体発表することで他の生徒は参加しなくてもよくなったり、他の生徒が活動を止められることになったりする。

　確かに「教科書の対話文をそのまま演じるロール・プレイ」の場合、同じストーリーが何度も演じられることになるため、演じる学習者だけでなく、聞き手の学習者も、退屈に感じていることが多いと思います。アクティブな学びを引き出そうとするのであれば、「教科書の対話文をそのまま演じるロール・プレイの場合は、全体発表はやめたほうが良いのではないか」という結論が導き出されそうです。この結論に対しては、「そうは言っても、学習者はみんな頑張っているのだから、全員に発表の機会をあげるべきではないか」という反論が出てくることが予想されます。この反論に対し、筆者（横溝）個人は、「全体発表をさせること自体が絶対にダメとは言わないが、『させることによって、全体発表をする学習者本人にも、聞き手の学習者にもメリットがあること』が全体発表をさせる条件」だと考えています。この点に関して、上掲の田尻（2014: 121）は、以下のようにも述べています。

　　　だれかを指名して発表させることは、以下のいずれかを目的としている。

---

10 菅・松下編（2017）『アクティブ・ラーニングを位置づけた高校英語の授業プラン』明治図書、p.13.
11 田尻（2014）『田尻悟郎の英語教科書本文活用術！―知的で楽しい活動＆トレーニング集―』教育出版

　　　　① 解法・解答を共有する
　　　　② 異なる意見や考え方、答えを知り、刺激を受ける
　　　　③ 発表を聞いて、自分ももう一度チャレンジしたくなる

　これらの条件のいずれかを満たしていないと、指名されてみんなの前で発表している生徒は必死だが、他の生徒は聞いていないという状況が生まれる。聞き手を全員巻き込んでこそ意味がある。
　また、①～③を満たすためには、生徒が活動している時に教師が観察して周り、アドバイスを与えながら正解を引き出したり、意外な答えを言う生徒を発見したりしなければならない。そしてそれらの生徒を褒め、自信を持たせた上で指名の確約をしておく。そうしなければ、答えが分からない生徒が指名され、全員の前で恥をかくことになる。成功体験を重ねてこそ学習意欲は向上するし、その逆もまた真なり。

　結論として、「教科書の対話文をそのまま演じるロール・プレイ」で全体発表を行う場合は、以下の形を採るべきでしょう[12]。

(1) 全員にはさせない。
(2) 練習している間に机間巡視を行い、「このパフォーマンスは他の学習者に見てもらう価値がある」と思えるペア（グループ）が見つかれば、そのペア（グループ）に「あとで、みんなの前でやってもらうので、よろしくお願いします」と伝えておく。
(3) 全体発表の後、発表者に対して、褒めなどのポジティブなコメントを与える。

　最後に一つだけ、「教科書の対話文をそのまま演じるロール・プレイ」で、気をつけておきたいことがあります。それは、「学習者に覚えさせる対話文が自然なものであるか」を吟味すべきだということです。たとえば、初級の教科書には、こんな対話文がよく出てきます。

---

12 「対話文の一部を変えて、あるいは加えて行うロール・プレイ」や「話の続きを作って行うロール・プレイ」の場合は、(1) クリエイティブな話が作り上げられている、(2) 時間的にしっかり余裕がある、という条件がそろえば、クラス全体に対して学習者全員に演じさせても良いでしょう。

```
A：Bさん。
B：はい。
A：このケーキ、とてもおいしいですよ。食べませんか。
B：いいえ、けっこうです。
A：そうですか。
```

　この対話文でのBさんの断り方「いいえ、けっこうです」は、はたして日本語として自然でしょうか。こんな断り方をされたAさんは、どんな気持ちになるでしょうか。とても傷つきませんか？　英語圏の学習者であれば「あ、そうか。『No, thank you＝いいえ、けっこうです』だから、同じように使えばいいのか」と思ってしまうかもしれません。

　この状況であれば、「ありがとう（ございます）。でも、大丈夫です。」という形で、「まずはお礼を述べて、それから断る」ほうが、日本語としてずっと自然だと思います。こういった「対話文の吟味」、学習者に覚えさせる前に行っておく必要があると思います。

2. スピーチ

　スピーチと一言で言っても、さまざまな「形式・内容・目的」そして「準備や発表の方法」があるのですが[13]、ここでは、日本語教育の現場で一般的に行われている「原稿を準備して暗記して行うスピーチ」ですので、その指導手順について見ていきましょう。

　指導手順ですが、以下のような流れで指導手順を行うと良いでしょう（本多 2015: 107）。

（1）モデルの提示
（2）原稿指導
（3）音声指導
（4）発表

　以下、それぞれの手順で、どうすれば学習者の学びをアクティブにできるかを

---

[13] 本多（2015: 106-107）より。

考えていきましょう。

(1) モデルの提示

　スピーチは「話し手が、聴衆に、ある題のもと、自分の考えや情報などを直接口頭で伝えること」(赤池 2012: 182) ですので、慣れていない学習者にとっては、かなりハードルの高い活動です。「どのようなパフォーマンスが求められているのか」がイメージできるように、モデルを示すことが必要です。このモデル提示ですが、もちろん教師が行っても良いのですが、もし可能なら、過去に録画した学習者のスピーチの映像を見せることをおススメします。優れた先輩のパフォーマンスは、学習者にとっての「あこがれ」、そして「目指すべきモデル」になります。また、「自分も頑張れば、あそこまでできるかもしれない」というモチベーション向上にもつながります。

(2) 原稿指導

　モデルを示したら、学習者にスピーチ原稿を書かせる段階へと移行するのですが、この段階になった途端に、頭の働きが停止してしまう学習者がいます。以下のような原因があるようです。

① 「話してみたい」「伝えてみたい」という気持ちにならない、興味のないテーマが与えられている。
② 「何を伝えようか」について、頭の中が整理できていない。
③ 「どう伝えたらいいか」、伝え方が分からない。

　①のケースですが、学習者が「話してみたい」「伝えてみたい」と思うことを、テーマとして選定することが必要不可欠です。教師側から「これなら興味が湧きそうだ」というテーマを提示するだけでなく、学習者に「興味があって伝えたいと思うトピック」を提示してもらい、問題なければ、そのテーマでスピーチを行うことを許可する、という方策も可能かと思います。

　②のケースの対応策は、ブレーンストーミング (brain storming) です。ブレーンストーミングには、以下のようなやり方があります (赤池 2012: 179)。

・箇条書きリスト（思いついたことを箇条書きで書いていく）
・アウトライン（目次のように書く項目を挙げていく）

- フローチャート（アイデアの流れを図式化する）
- 話し合い（クラスメートとテーマについて話す）
- 書きとり（頭に浮かんだことを、文法や単語の綴りを気にしないで書いていく）
- マッピング（あることばから思いつくことを、くもの巣状の図にしていく）

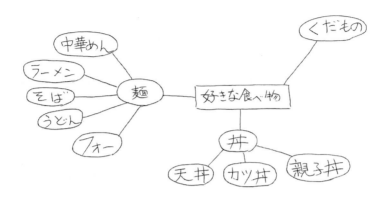

　教師からの質問があると、学習者はブレーンストーミングを行いやすいようです。たとえば、以下のような具合です。

　　教師　　：好きな食べ物は何ですか？
　　学習者：う〜ん、麺ですね。
　　教師　　：どんな麺ですか？
　　学習者：中華めん、ラーメン、そば、うどん、フォー…。
　　教師　　：麺の他に、好きな食べ物はありますか？
　　学習者：丼です。（続く）

　③のケースの対応策は、スピーチの型を提示するといいでしょう。たとえば、鴻野（2013: 78）は、以下のような型を提示しています[14]。

---

14 鴻野（2013）『会話授業の作り方編（日本語教師の７つ道具シリーズ⑦）』アルク

```
スピーチをしよう

1. はじめのあいさつ
    皆さん、こんにちは。
    きょうは、わたしの好きなことについてお話ししたいと思います。

2.「わたしの好きなこと」について
    最初に、
    次に、           ～についてお話しします。
    それから、       ～について説明します。
    最後に、

3. 終わりのあいさつ
    これでわたしのスピーチを終わります。ありがとうございました。
```

慣れるまでは、こういった型があったほうが、学習者はスピーチ原稿を作りやすいようです。

(3) 音声指導

スピーチ原稿ができあがったら、音声指導に入ります。まずは、学習者に原稿を音読させ、アドバイスを与えます。その際に、以下のような「イントネーションのアップダウンの図」を使って発音練習を何度も行うと効果的です[15]。

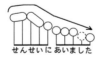  

音読指導を行った学習者から、原稿を覚えていきます。授業中に個別の音読指導を行うだけでなく、スピーチ原稿の範読データがあると、学習者にとってはとてもありがたいです。教師が原稿を読み（または他の誰かに読んでもらい）、それをICレコーダーで録音してデータとして渡せば、学習者は何度も個人練習ができます[16]。

---

15 河野・串田・築地・松崎（2004）『1日10分の発音練習』くろしお出版、p.74.
16 鴻野（2013: 79）より。

この「教師による範読データを録音して学習者に渡す」作戦、私も行ったことがあり、学習者にとても喜ばれたことを覚えています。イントネーションのアップダウンの図を使って発音練習を何度も行った後に、範読データを渡して練習させた学習者に、こんなことが起きました[17]。

　　スピーチ本番の日、スピーチの途中で言い直す学習者の姿がとても印象的だった。モデル発音と自分の発音を比較対照しながら練習を積み重ねているうちに、「おかしな発音をしてしまったことに自分で気づく」能力が、少しずつではあるが、向上していたのではないかと思う。また、スピーチ終了後に学習者の何名かに練習原稿を見せてもらうと、イントネーションのアップダウン図のようなものを自分で記入していた。

　音読ができるようになったら、次に「どう見せるか」の練習に移りましょう。この練習に関して、鴻野（2013: 79）は、以下のようなアドバイスをしています。

　　スピーチの練習をするときは、見せ方も考えましょう。声の出し方、話すスピード、ポーズのとり方、顔の表情、ジェスチャーなど、どの部分でどのように話すと相手に伝わるかを考えます。途中で物を見せながら話すなど、聞き手を引き込むような話し方が工夫できるといいですね。聞き手の顔を見ながら話すと、それだけで上手なスピーチに見えますし、内容も伝わりやすくなります。

　こういった細部にまで至る配慮はとても大切です。しかしながら、「自分ができている点／改善すべき点」に、学習者自身で気づくのはなかなか難しいものです。それを打開するための方策が、「グループ単位での練習」です。グループ単位での練習には、学習者同士の助け合いが必要不可欠です。横溝・大津・柳瀬・田尻（2010: 178）では、3〜4人単位のグループ練習での助け合いについて、以下のような報告がされています。

　　スピーチが終わった生徒は厳しい指導者になります。スピーチをしながら

---

[17] 横溝（2014a）「優れた教師からの学びを、自分自身の実践にどう活かすのか―上級学習者への発音指導で、授業と家庭学習のつながりを求めて―」『言語教育実践イマ×ココ』第2号、pp.101-102.

アイコンタクトを取る練習、小道具などを使う練習では、チームメイトから細かいチェックが入ります。それから教師のところに来てリハーサルをするのですが、そういうプロセスを経てチームの誰かがスピーチの本番を迎えたときは、そのチームのメンバーが自分のことのように緊張しています。そして、見事スピーチを成し遂げた友だちが自席に戻ってきたとき、チームメイトやクラスメイトがその労をねぎらうようになります。

このような強い絆を持ったグループの関係性を作り上げることは決して容易ではありませんが、「教師がすべてお膳立てする」のではなく、「学びが生じる環境を適切に提供し、その中で学習者が学べているかをずっとモニターし続け、必要があれば介入し、そうでなければ学習者に委ね続ける」ことの大切さを、上の事例は示唆しています[18]。

(4) 発表

発表する学習者は、かなりのプレッシャーを受けています。発表者の緊張を和らげる方法として、阿野・太田（2011: 120-121）は、以下のような「発表直前の指導」を紹介しています[19]。

① 全員が窓や壁に向かって大きな声で個人練習をする。
② 全員の生徒がアイコンタクトを取ったりジェスチャーを交えたりしながら、教壇に立っている教師に話しかける。もし教師に話しかけていない学習者がいたら、すぐに近づいて、話しかけるよう指導する。

学習者にスピーチの発表をさせる形態として、本多（2009: 180）は、以下の三つを挙げています。

① 1回の授業でクラス全員が順番に行う。
　　　自己紹介など、比較的短いスピーチに適する。生徒の人数が多いと聞く側はスピーチに飽きてしまうことがある。

---

18 横溝・大津・柳瀬・田尻（2010）『生徒の心に火をつける―英語教師田尻悟郎の挑戦―』教育出版
19 阿野・太田（2011）『日々の英語授業にひと工夫』大修館書店

②　毎回の授業で数名ずつ行う。

　　　教師が個々の生徒の発表日を指定しておく。スピーチの後に聞き手から質問をさせるなどの活動が入れやすい。また、各スピーチに対するフィードバックを与えることで、スピーチの質が後半にいくにしたがって高くなっていく。しかし、評価を行う際は、後の生徒ほど有利になりやすい。

③　グループごとに一斉に行う。

　　　グループ内のメンバーに向けて発表する。いくつかのグループが同時に行う。時間の短縮になるが、一斉に行うのですべての生徒の発表をモニターしたり、評価したりはできない。

　①で解決すべき問題は「どうすれば聞く側の中に、アクティブな学びを実現できるのか」です。②と③で解決すべき問題は「スピーチの評価をどうすべきか」ですね。それぞれの問題の解決法を考えてみましょう。

　まず確認しなければならないのは、各学習者が原稿を作成し、練習を積み重ねてきたスピーチの多くは、オリジナリティにあふれていて、聞く側にとって「聞く価値のある」ものだという点です。田尻（2014: 121）の「だれかを指名して発表させることの目的」であれば、「②異なる意見や考え方、答えを知り、刺激を受ける」と「③発表を聞いて、自分ももう一度チャレンジしたくなる」の両方を満たしています。

　そんなスピーチ発表なのに、聞く側が飽きてくるのはなぜなのでしょう。上掲の本多（2009: 180）が指摘しているように、「発表者の数が多すぎる」のも原因の一つでしょう。確かに、数分間の短いスピーチであっても、それが10人、15人、20人と連続すれば、次第に飽きてしまいそうです。このような状況を少しでも改善する方法として、筆者（横溝）は、スピーチの内容についての質問を教師から発表者にするようにしています。このパターンに慣れてくれば、聞く側の学習者に質問役を委ねても構いません。

　聞く側の「飽き」を避けるために、「発表をただ聞く」のではなく「作業に従事させる」という方法もあります。赤池（2012: 184-185）は、以下のような「聴衆の指導」を提唱しています[20]。

---

[20] 赤池（2012）「スピーキング」金谷編集代表『英語授業ハンドブック〈高校編〉』大修館書店
　　赤池（2012: 184）は、「○感想を言わせる」「○スピーカーに質問させる」は、スローラーナーには困難であると指摘している。その上で、「感想を言う（または質問をする）スピーチを事前に割り当てておいてもいい。たとえば、「3番の生徒は5番のスピーチ担当。スピーチに関する感想

聞いている生徒の反応は、スピーチする生徒にとっても非常に影響がある。聴衆をスピーチに集中させるには、下記のような方法が考えられる。
　○聞きながら簡単な評価をさせる。
　　　あまり細かな項目を設けると、評価にばかり気をとられ、スピーカーを見ないで下を向いて記入するという危険性がある。スピーチ中は聞くことに集中させ、スピーチが終わったあと、1分以内で簡単に記入できるものが望ましい。
　○聴衆の意義を説明する。
　　　黙ってじっと聞いているのではなく、ふんふんとうなずいたり、笑ったり、驚いたり、という反応が、どんなにスピーカーを勇気づけるかを説く。また、アイコンタクトの指導の際スピーカーと目が合ったと思う生徒に挙手させるとわかりやすいし、聴衆は一生懸命スピーカーを見る。
　○感想を言わせる。
　○スピーカーに質問させる。

　こういった形で作業に従事すれば、聞く側が飽きてしまう状態は避けられそうです。また、簡単な評価をするための「評価表」ですが、これぐらいシンプルなものでいいかと思います[21]。

評価表の例

Date: _____			
Speaker: _____			
Title: _____			
感想欄　A：すばらしい　B：まぁまぁ　C：もっと練習を			
英語	A	B	C
内容	A	B	C
良かった点			
Your name: _____			

を言ってもいいし、質問してもいい」などと事前に指示」してもいい、等の解決策を提案している。
21　赤池（2012: 185）より。

発表後について、「はい、終わり。次」で終わるのではなく、やはりフィードバック・セッションがあったほうがいいと思います。筆者（横溝）自身は、(1) 発表者自身の自己評価、(2) 他の学習者からのコメント、(3) 教師からのコメント、という順番で進めることが多いです。発表者の自己評価は、以下のような自己評価シートがあるとやりやすいでしょう（鴻野 2013: 79）。

スピーチ　自己評価シート

大きな声ではっきりと話せた。　　　　　（5・4・3・2・1）
クラスメートの顔を見ながら話せた。　　（5・4・3・2・1）
資料をわかりやすく見せることができた。（5・4・3・2・1）

◆よくできたこと

◆うまくできなかったこと

「発表後のコメントをどのように行えば良いのか」については、阿野・太田（2011: 121-122）が、以下のような方法を提案しています。

(1) 単なるほめ言葉だけではなく、「事実だけでなく、感想を述べていたのが良かったね」等の、具体的なほめ言葉を含んだアドバイスを与える。
(2) 教師がごく簡単な感想を述べ、すぐに学習者をグループに分けて「どうしたらさらに良いスピーチをすることができるか」というテーマで話し合いをさせる。その後、他の学習者のスピーチから学ぶべき点を具体的に出すとともに、改善するとよいと思う点についても考えさせる。最後に、それぞれのグループから話し合いの報告をしてもらい、その報告内容をもとに教師のコメントを加える。

次に、前述（p.108）の本多（2009: 180）の②と③の解決すべき問題、「スピーチの評価をどうすべきか」について考えてみます。「評価をどうすべきか」を考える際には、まず以下の点に配慮する必要があります。

- 何のために評価するか（評価の目的）
- どこを評価するか（評価の対象）
- どのように評価するか（評価の方法）

スピーチを評価する目的は何でしょうか。「どのぐらいレベルの高いスピーチができたかを採点して、成績づけのデータとして活用する」のが目的である場合は、学習者に対して、あらかじめ評価の対象を明示し、各評価項目の中で「これくらいのことができれば、何点」という記述（いわゆる「ルーブリック」[22]です）を伝えておく必要があります。以下のような感じです[23]。

ルーブリックの例

要素＼レベル	4 目標以上を達成	3 目標を達成	2 目標まであともう少し	1 目標達成まで努力が必要
内容	必要な内容より多くのことを創造性を使って表現。細かい点も詳しく説明している。内容も正確。	タスクの目的に適切な内容をカバーしている。創造力を使って詳しく説明している部分もある。内容も正確。	必要な内容を大体カバーしているが、細部は示されていない。内容はほぼ正確。	最低限の内容、あるいはそれ以下しかカバーされていない。内容に間違いもある。
構成	導入部にはじまり、話の展開がはっきりと表現されていて、結論までうまく話が構成されている。	構成の各部分間の推移が自然でないことも多少あるが、起承転結に沿って記述されていて、話の流れがわかる。	話の流れには沿っているが、それぞれの部分への推移がはっきりせず、部分間の関係が弱い。	起承転結がはっきりせず、それぞれの部分の関係づけが不十分。
理解しやすさ	文法、語彙、発音に多少問題はあるが、言いたいことは完全に理解できる。	文法、語彙、発音の大きな間違いがときどきあり、理解しにくいことはあるが、タスク達成の障害にはなっていない。	文法、語彙、発音の重大な間違いのために、ときどき理解できないことがある。	文法、語彙、発音の問題が多く、理解できない部分が多い。
パフォーマンス	生き生きしたスムーズな描写で、聞く人の興味をひく話し方である。	ときどき話がとぎれたり、速度が落ちることはあるが、相手にわかってもらおうという努力が伝わってくる。	談話がとぎれることが多く、話し方も単調で、メリハリがない。	談話がとぎれ、発話量が少ない。

このような形で評価のされ方が明らかになることで、学習者は「どこをがん

---

22 ルーブリックに関しては、コラム 5（pp.115-116）を参照のこと。
23 国際文化フォーラム（2012）『外国語学習のめやす 2012―高等学校の中国語と韓国語教育からの提言―』国際文化フォーラム、p.70.

ばって練習すれば良いのか」が見えてきます。

次に問題になるのが、

・誰が評価するか（評価者）

です。「教員の点と聴衆（他の学習者）の評価を加味」（赤池 2012: 185）して、最終的な点数をつける方法も考えられますが、学習者同士で点数をつけ合うことに抵抗を示す学習者もいますし、「他の学習者につけられた点数に納得しない発表者」が出てくる可能性も否定できません。そういった意味で、「成績づけが目的である」場合、筆者（横溝）個人は「教師の評価のみに基づくのが良いのではないか」と考えています。

では、「成績づけが目的ではない」場合は、どうでしょうか。スピーチを「評価のためではなく、指導のため」と位置づけると、以下のような可能性が広がります（阿野・太田 2011: 122-123）。

（スピーチの評価はしないで）クラス内で順番にやっていけば、毎時間クラス全員で学び合いができる。
a. クラスメートのスピーチから参考になる点を学ぶことができる。
b. これからスピーチをする学習者は質的に向上させることができる。
c. すでにスピーチを終えている学習者も、「もっとこうすればよかった」と次回への改善点をまとめていくことができる。

「スピーチの採点を学習者同士でやらせる」方法に対する反対意見には、以下のようなものもあります[24]。

スピーカーの発音や声の大きさ、話し方などを聞き手である生徒に採点させることは、教育的であるとは思えません。プレッシャーのかかる中でみんなの前に立つ生徒が、自信を持ってスピーチできるようにするのが教師の仕事であり、目の前の観衆が心の中で応援してくれているんだと思ってこそ、生徒の心がつながっていくと思います。（中略）

---

24 横溝・大津・柳瀬・田尻（2010:182-183）より。なお、この意見は日本人生徒が英語のスピーチを行うことについてのものである。

スピーチの評価に関しては、内容、態度、発音、声の大きさなどでは評価しない。それらは練習段階で教師が指導するものであり、教師と生徒、あるいは生徒同士が苦労し、協力して準備したものであるので、減点法で評価することは私も生徒も好まないからである。また、リハーサルの段階で、英文をすらすらと言えるだけでなく、意味を分かった上で聴衆に語りかける口調でできなければさらに練習を課すので、本番を迎えたときはかなりのレベルに達している。したがって、本番を迎えた時点で満点を与えるようにしている。

　スピーチ発表を成績づけのために使わざるを得ないことも少なくないと思いますが、発表を「評価」のためではなく「指導」のために使うことで、これだけの可能性が広がることを心に留めておいても良いのではないでしょうか。

column 5

パフォーマンス評価とルーブリック

　コラム3「バックワード・デザイン」（pp.70-71）で、到達目標を明確にすることと、その到達目標が達成できたかどうかについての評価方法がきちんとつながっていることの重要性については述べました。では、その評価方法は、具体的にどのようなものになるのでしょうか。到達目標達成の評価の方法は、目標の内容によって、大きく「ペーパーテスト」と「ペーパーテスト以外」の二つに分けられます。たとえば、以下のような評価方法です。

「到達目標1」
文法規則や単語を理解して
覚えている

「評価方法1」
ペーパーテストで理解度（文法や単語の
知識）を評価する

「到達目標2」
日本語で〇〇を表現できる

「評価方法2」
日本語を話したり、書いたりして表現
できるかどうか、スキルを評価する

　「ペーパーテストでは評価できない」到達目標を評価するためには、学習者に実際に何かをしてもらい、評価する必要があります。このような「筆記試験で測れないコミュニケーション能力を測るための評価方法」を、「パフォーマンス評価」と言います。パフォーマンス評価の例としては、インタビュー・テスト、プレゼンテーション、エッセイ・ライティング等が挙げられます。
　パフォーマンス評価を実施する場合、「どのようなパフォーマンスがどのくらいのレベルに相当するのか」をあらかじめ明確にしておく必要があります。このパフォーマンスの採点の指針を示す評価基準が、「ルーブリック」と呼ばれるものです。ルーブリックは、評価項目と達成レベルによって構成されている評価基準表です。例として、プレゼンテーションのルーブリックを挙げてみます[1]。

1　前田（2017）『マンガで知る教師の学び2―アクティブ・ラーニングとは何か―』さくら社、p.134.

プレゼンテーションのルーブリック

レベル	伝え方	根拠の提示
S	相手を説得するための工夫がしてある	さまざまな根拠に基づいた具体的な根拠が示されている
A	伝えたいことがはっきりしていて、分かりやすい	具体的な根拠が示されている
B	伝えたいことははっきりしているが、分かりにくい	根拠が示されてはいるが、具体的ではない
C	伝えたいことがはっきりせず、分かりにくい	根拠がまったく示されていない

　また、中間試験や期末試験などの、いわゆる「アチーブメント・テスト」として、パフォーマンス・テストを行う際には、以下のことを心がけましょう。

（1）授業で行った内容を、着実に反映するテストでなければならない。（→授業で行っていないようなパフォーマンスを、テストでさせて評価してはいけません）
（2）授業で行ったことを、そのまま暗記すればいい、というテストではいけない。（→パフォーマンスのテストではなく、暗記力のテストになってしまいます）
（3）評価基準表（ルーブリック）を、事前に学習者に知らせておかなければならない。（→事前に知らされていれば、採点がより公正になりますし、学習者の試験準備もより真剣になります）
（4）テストの結果を受けて、今後どうすれば良いのかについてアドバイスを与えなければならない。（→適切なフィードバックを与えることで、その後の学習態度が大きく変わります）

E ライティングの指導

ライティングの指導は、以下の三つに分けられます（川口・横溝 2005a）。一つずつ見ていきましょう。

(1) 文字の指導
(2) 文の指導（作文指導）
(3) 文章の指導

1. 文字の指導

2011 年に、小学 5 年生と 6 年生の「外国語活動」が必修化されました[1]。その中で、アルファベット指導に関しては、「いきなり書かせて覚えさせる」のを避け、まずは「文字の認識」から始める、という方針でさまざまな教材や教室活動が開発されてきました。この「文字教育を認識レベルから始める」方針ですが、日本語教育でも、特に非漢字圏の学習者に対しては、もっと取り入れても良いと筆者（横溝）は思っています。文字の認識レベルから始める教材や教室活動を、以下に紹介します。

a. カルタ
b. 絵の中から見つけ出す
c. 順番につないで脱出する迷路
d. 間違い探し
e. ワード・サーチ
f. 聞こえた文字のカードを選び並べる
g. 聞こえた文字をつないで、絵を作る

a. カルタ

日本語教師にとっては、特に目新しい教材ではありません[2]。

---

1 2020 年度には、「小学 3 年生からの必修化」と「小学 5 年生からの教科化」が完全実施されることになっている。
2 横溝（2014b）『今さら聞けない…日本語教師塾 日本語教師の役割＝「やる気」を引き出す！

　まずは、学習者に「頭の上に手を置いてください」と言います。全員準備ができたら、教師は「ねこ」と言います。それを聞いた学習者が「はい！」と言って、そのカード（カルタ）を取る、という活動です。非常にシンプルな活動ですが、初級の学習者には好評のようです。

　これはこれでけっこう盛り上がるのですが、知性よりも反射神経を競っている感じもしますし、かなり幼稚にも思えます。この活動の知的レベルを上げるためには、教師の読み上げ方を変えます。たとえば、「かい！」と言ってカードを取らせるのではなく、「か、か、かい！」と言ってみます。すると学習者は、「か」を聴きとって、「か」が最初にある絵カードを探します。上のケースでは、「かい」と「かさ」に目がいきます。そして、続く「い」を聴きとって「かい」のカードを取ります。この過程で、学習者は「次に来るものを予測しながら聞く」という作業に従事していることになります。

　もう少し知的レベルを上げようと思うのでしたら、「か、か、すいか」と言ってみるといいでしょう。そうすれば、「か」が入った単語カードすべてに目をやらなければならなくなります。こういった工夫で、カルタもかなりの緊張感を伴った活動へと変身します。

b.　絵の中から見つけ出す

　以下のような絵[3]を見せて、「ペアを作ってください。アからホまで、カタカナを順番に見つけてください。ホまで全部見つかったら、手を挙げてください。

（DVD）』凡人社で使用した教材である。
3　横溝（2014b）で使用した教材である。

よ〜い、ドン！」と指示を出せば、学習者は協力しながら、必死にカタカナを探します。

c. 順番につないで脱出する迷路

以下の図を配って、「ひらがなの順番をたどって、START（スタート）からGOAL（ゴール）まで行ってみよう！」と指示します。

d. 間違い探し

「一つだけ違うひらがなを見つけたら、そのひらがなを大きな声で言ってください」と言い、学習者にひらがなを見せます。

① ああああああああああああめあああああああああああ
② はははははははははははははははははははははははほ
③ ささささささささささささささささちささささささ

ひらがなの見せ方ですが、パワーポイントを使って、いろいろなアニメーションを駆使し、1行ずつ見せていくと効果的です。

e. ワード・サーチ

以下の図を配って、「①から⑦までのことばを探してみよう！」と指示します。

ネ	マ	サ	モ	カ	エ	ト	タ	イ
ク	イ	ノ	ヒ	ナ	ツ	ウ	ド	ヒ
ラ	ヌ	ン	ネ	ダ	フ	ハ	レ	ケ
メ	フ	ニ	ド	サ	オ	ワ	エ	ヤ
キ	ダ	ホ	シ	ネ	ヘ	イ	ド	メ
シ	ロ	リ	ス	ヌ	シ	リ	ヘ	ソ
コ	イ	タ	リ	ア	オ	ア	ナ	カ
ル	ン	キ	ヨ	ダ	コ	ユ	ム	メ
ミ	ワ	ア	メ	リ	カ	テ	フ	モ

①アメリカ　②カナダ　③メキシコ　④タイ
⑤イタリア　⑥インドネシア　⑦ハワイ

f. 聞こえた文字のカードを選び並べる

2拍以上の単語を教師が読み上げ、学習者は聞こえた文字のカードを、ひらがな／カタカナのかたまりの中から選び出し、順番に並べます。

　拍の数を聞き分けるいい練習にもなりますので、はじめに単語を読み上げる時には、自然なスピードで読むといいでしょう。聴きとりが難しそうな時は、ゆっくりはっきりと区切りながら読むと、学習者にとってはより易しくなります。

g.　聞こえた文字をつないで、絵を作る

　CDを流す、あるいは教師がひらがなをランダムに読み上げて、聞こえた順につないでいくと、絵や文字になります。

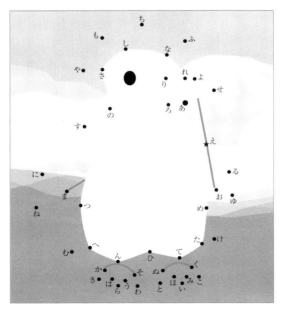

↓正解（「ペンギン」）

E　ライティングの指導　|　121

このような「文字教育を認識レベルから始める」教材や教室活動を、実際に日本語学習者に行ってみたところ、おおむね好評でした（特に非漢字圏の学習者の場合）。文字学習に困難を覚える学習者に出会ったら、ぜひ試していただきたいと思います。

2. 文の指導（作文指導）

文の指導（作文指導）について考えていく前に、「書く活動」をデザインする上で忘れてはならないことに触れておきましょう。近藤（2009）は、以下の点を指摘しています[4]。

日常生活で書く時には、
- a. 読み手を意識している。状況を考えている。
- b. 書く目的や書きたい内容があって書く。あるいは、考えをまとめるために書く。
- c. 書く前に、文章全体の構成を考える。
- d. 状況に合った適切な表現・語彙を選択している。
- e. 書き終わった後も、見直したり書き直したりする。
- f. 他の言語活動と結びついている。

↓

しかしながら、教室で「書く活動」をする時には、日常生活の「書く行為」と異なっていることが多い。

↓

そこで、教室で「書く」活動をする時には、以下のポイントが重要である。
- ① 読み手：読み手が教師一人ではない。
- ② 内容：書き手が選択する。インフォメーションギャップやオリジナリティがある。
- ③ 目的：メッセージを伝える。書いたものを他者と共有する。

近藤が指摘する「書く活動のためのポイント①〜③」は三つとも、とても重要です。これらのポイントを意識することで、「書く活動」の工夫はぐっと変わっ

---

4 近藤（2009）「書く活動」スイス日本語教師会主催日本語教育セミナー配布資料（2009.3.21-22、ベルン）

てくるからです。

　さて、「内容を書き手が選択する」と言っても、「書く内容が思いつかない」学習者もいるでしょう。そんな時は、第 4 章 D 節の「(2) 原稿指導」で紹介した方法（p.104）を使えば良いのですが、その代わりに、「書きたくなる内容を与える」方法もあります。「文の指導」で筆者（横溝）がチャレンジしたことがあるのは、ふたコマ漫画[5]の活用です。以下に紹介します。

a.　ふたコマ漫画の活用

　まずはパワーポイントで、「進め方」を説明します。

- ふたコマの漫画が出てきます。
- ひとコマ目の漫画を見て、ふたコマ目に何が起きるか想像してください。
- それを各自、日本語で作文してください。
- ペアまたはグループで、作文を共有します。
- 本の著者の想像を、紹介します。

次に、（パワーポイントで）「大事なこと」を伝えます。

- 正解はありません！
- 各自の個性を出して、人とは違う発想を出すように試みてください。

「これから『例』で練習します。次の絵を見てください」と言います。

　「次、どうなりますか？　自分の考えを書いてください」と言って、学習者に作文をしてもらいます。作文が終わったら、3〜4 人グループで作文を共有します。その後、各グループから 1 名ずつ、作文を読み上げてもらいます。その後、

5　高濱（2012）『たこマン―発想力を鍛える 2 コマ漫画カード―』小学館

「この本を書いた人は、どう考えたでしょう?」と言って、以下の絵を見せます。

「女の子が空手で、木を割りました」と、説明して、「はい、練習は終わりです。やり方、分かりましたか?」と言い、同じ要領で続けます。

以下、筆者(横溝)が使ってみた絵を、いくつか紹介します。左側が1枚目、右側が2枚目です。

個人差はありますが、学習者は「できるだけおもしろいことを言おう」とする傾向があり、いろいろな作品が登場し、クラス全体が盛り上がります。また、「こう言いたいんだけど、日本語でうまく言えない」という「言語的挫折」に出合う学習者も少なくないようです。そういう時は、学習者が言いたい内容を確認した上で、迷わずモデル文を伝えましょう。こうやって学んだものは、学習者も忘れません。

3. 文章の指導

　文章の指導も文の指導と同様で、書く内容が思いつかない時は、第 4 章 D 節の「(2) 原稿指導」で紹介した方法 (p.104) が使えます。その他には、「書きたくなる内容を与える」方法もあります。「文章の指導」で筆者（横溝）が実践したことがあるのは、以下の二つです。

- 文章完成タスク
- DVD の視聴

一つひとつ見ていきましょう。

a. 文章完成タスク

　学習者全員がよく知っているお話の続きを書かせると、競り合うようにしてクリエイティブな作品を作ろうとします。たとえば、以下のような課題を出しました[6]。

［課題：続きを作ろう！］

シンデレラ

　王子がさし出したガラスの靴に、シンデレラは自分の足をそっと入れてみました。すると、シンデレラの足は、その靴の中にちょうどよく入ったのです。それを見ていたまわりの人々は、思わず息をのみました。一瞬の静けさののち、そこには大きな祝福の声と拍手がわき起こりました。そして、王子はシンデレラの手をとって馬車に乗せ、二人はお城へとむかいました。
　その後、……

　この時には、「その後、二人は結婚しました。とても幸せでした。シンデレラはとても幸せだったので、安心しました。安心したので、太ってしまいました。王子さまはシンデレラのことが嫌いになり、離婚してしまいました。」等の作品が、学習者から出てきました。

---

[6] 池田 (2012)「ピアラーニングのポイントと実践のポイント」日本語教育学会研究集会（九州・沖縄地区）配布資料（2012.6.17、熊本学園大学）

b. DVDの視聴

2012年に上級日本語を教えていたところ、『授業で使える教材集Ⅱ：Read me』というDVD教材に出合いました[7]。小学校高学年から高校生対象の、道徳教育用の11の映像が入っていました。

たとえば、「大切なのは心のつながり（う～みさんの生き方）」は、このような内容でした[8]。

> みなさんは、「明日から好きなことができなくなったら、どうしよう」、「もし身体が不自由になったら…」などと考えたことはありませんか。また、「そうなることなんかない」と思っていませんか。もしかしたら、明日、けがをしたり、交通事故に巻き込まれたりしてしまうかもしれません。そうなってしまったら、あなたはどうしますか。
> 1人の女性を紹介します。彼女の名前は、山形夕佳さん。北海道函館市出身で、現在は高知市に住んでおられます。う～みという芸名で「歌う旅芸人」として、全国でコンサートをされています。彼女の有名な作品は、2011年映画『千と千尋の神隠し』のイメージアルバムで歌った「あの日の川へ」です。（中略）
> 好きなことができる、身体が自由に動く、話をすることができる、聞くことができる。これらは決して当たり前のことではありません。「まさかあの

7　関西外国語大学中嶋ゼミ制作（2012）『授業で使える教材集Ⅱ：Read me』
8　中嶋（2012b）「3. 生き方編：大切なのは心のつながり（う～みさんの生き方）」関西外国語大学中嶋ゼミ制作『授業で使える教材集Ⅱ：Read me』、pp.22-25.
　う～みさんは、はじめは音楽をしていたのだが、絶対音階を持っていたことで孤独感を覚え、音楽をやめ、父親の勧めでバスケットボールを始めた。しかしながら、練習中に頸椎損傷の大けがをして、バスケットボールをやめざるを得なくなった。そんな彼女を救ったのが音楽だった。辛いリハビリに耐え、ピアノが弾けるまでに回復した。

時あきらめなかったことが今の幸せにつながるなんて思っていなかったので生きていてよかったな」と彼女は言います。

　この先に困難が待ち受けているかもしれません。その時は、絶対にあきらめず、今ある自分を大切にしてできることをなんでも挑戦することが幸せに近づく第一歩です。今できること、そして、両親が生み育ててくれた自分も大切にすることです。「いのち」は、みなさんを起点として様々なところでつながっています。

鑑賞後、このDVDの「はじめに」で、中嶋（2012a: 1-2）が、以下のように述べていました[9]。

　（このDVDは）子どもたちに伝えたいメッセージを、音楽や写真、映像と一緒に取り込んで作った「映画」です。上映時間は、それぞれ10分程度です。英語、道徳、総合的な学習の時間、学級活動など、多岐に渡って授業で使うことが可能です。…この教材集でも、映像を見た後に子どもたちから出てくる言葉は、多種多様であろうと思います。彼らの考えに寄り添い、彼らの生の言葉をつなげながら「そうか、そうなのか！」という気づきを引き出してみてください。学生たちがこの教材集を制作した願いは、まさにそこにあります。この教材集を「自ら考える力を育てる授業づくり」に役立てていただきたいということです。ぜひ、有効に活用なさってください。

　筆者（横溝）自身、このDVDを初めて視聴した後、DVDの内容が「見る者の心を揺さぶる」内容であり、「この思いをことばで伝えたい!!」という強い気持ちが自分の中に生まれたことに驚きました。「同様のことが学習者の心の中に生じれば、授業を履修する学習者全員にとって満足度の高い授業になる」と考え、『授業で使える教材集Ⅱ』を教材として採用することにしました。

　授業は、（1）（授業中＝水曜日）DVDを2回視聴→マインドマップを作成→作文に取り掛かる、（2）完成させた原稿をメールで教師に提出（翌週の月曜日の18時までに）、（3）（授業中＝翌週の水曜日）教師に提出した原稿を見ながら、グループでピア・レスポンス活動、（4）ピア・レスポンス活動のコメントに基づいて原稿を再構成し、メールで教師に再提出、（5）教師が再提出された原稿を加

9　中嶋（2012a）「はじめに（解説編）」関西外国語大学中嶋ゼミ制作『授業で使える教材集Ⅱ：Read me』、pp.1-2.

筆・修正し、各学習者にメールで送る、(6) 学習者がメールで送られてきた原稿と、自分の原稿を比較対照し、「こう書けばよかったのか」と学ぶ、という流れで行いました。

　筆者（横溝）は「学習者が『自分が書いた作文がこれでいいのだろうか』『正しいかどうかチェックしてほしい』と思うもので、教師からのフィードバックを期待している。その期待にきっちりと応えるのは教師の役割であり、そのことを放棄していては学習者の満足感は得られない」と常々考えています。しかしながら、その当時の筆者（横溝）は、学習者が互いの作文を添削し合う「ピア・レスポンス」という方法を知り、それにチャレンジしたいという気持ちも持っていました。そこで、上記の流れのように、授業の一部で「ピア・レスポンス」をやってみることにしました。

　興味深かったのは、DVDを視聴した後に、「ここに今見たDVDの内容を文字化したものがあるんだけど、読んでみたい？」と言うと、ほぼ全員が「読みたい！」と言ったことでした。リクエストに応える形で、内容を文字化したプリントを配布しました。内容確認のためだろうとは思いますが、「自分が作文をするのに役に立つ」という判断をしたのでしょう。配布後、真剣な表情でプリントを読んでいる学習者の姿がとても印象的でした。

　ピア・レスポンス活動は難しそうでした。「なんとなくおかしいんだけど、どこがどうおかしいのか分からない」「どう直すといいのか、分からない」等の声が上がっていました。これに関連して、一つ興味深い学習者の反応がありました。上掲の「(5) 教師が再提出された原稿を加筆・修正し、各学習者にメールで送る」段階で、「グループの他のメンバーの作文がどう修正されたかも見たいので、グループ全員分の修正原稿を送ってくれないか」という依頼が学習者から上がってきたのです。これはとても嬉しい反応でした。近藤（2009）が指摘した「書く活動のためのポイント」の重要性を再確認した次第でした。

　「この思いをことばで伝えたい！」という強い気持ちが学習者の頭の中に生じることを願ってのDVD視聴でしたが、「内容を文字化したプリントを必死に読んでいる」「他の学習者の作文まで読みたいという気持ちになっている」ことなどから、学習者の積極的な学びが生じていたと判断して良さそうです。

　このような積極的な学びのきっかけになる題材は、DVDだけでなく、他にもたくさんあると思います。それを逃さず見つけられるように、日本語教師として、アンテナを常に高く張っておきたいものです。

F リーディングの指導

リーディングの指導といっても、いろいろあります。ここでは、「音読」「推論発問で深い読みを促す方法」について見ていきます。

1. 音読

リーディングに限らず、どんな教室活動にも共通しているのが、「その活動をすることによって、学習者はどんなことができるようになるのか」「どの教室活動によって、どんな力がつくのか」を、「教室活動の目的」として、教師がしっかりと把握しておかなければならないという点です。「音読」は「声を出して読む」ことなのですが、その目的は何なのでしょうか。茂住・足立（2004）は、音読活動を授業で行っている日本語教師が「音読活動の目的」と考えていることとして、以下の六つを挙げています[1]。

(1) 気づきを促す
　　音読することで、学習者自らが理解していない部分に気づく、これから何を学習するかを確認する。学習者自身が声に出して読むことで、表記・語句・文単位までの理解や習得を促す。
(2) 読解のために音読を用いる
　　音読によって、文章レベルでの意味を理解させ、文章の内容を確認させる。また、文章の大意を音読させてつかませようとする。
(3) 学習者の学習状況をチェックする
　　（音読により何かを学ばせようとするのではなく）意味が分かっているか、正しい読み方を知っているかなどを、学習者の音読の巧拙により教師が判断しようとする。
(4) クラス授業を円滑に進める
　　クラス授業の流れが単調にならないように、また、教師からの説明だけの授業にならないように、学習者の授業への参加度を高めるために音読という手段を用いる。

1　茂住・足立（2004）「クラス授業で行われる音読に対する教師の目的意識―外国人学習者に対する日本語教育現場での調査から―」『東京情報大学研究論集』Vol.8, No.1、pp.35-44.

(5) 音読を繰り返すことで、日本語を体で感じたり、覚えさせたりする
　　何度も声に出して読ませることで、音声言語としての日本語を体感して、体得させる。
(6) 学習者に達成感や自信を持たせる
　　学習者がクラスの中で文章を音読することで、日本語学習に対しての達成感を得たり、人前で外国語としての日本語を発話したりすることに自信が持てるようにする。

　何か漠然としています。上掲の目的は、何か「後付け」のようにも思えます。そう思える理由として、茂住・足立（2004: 43）は、多くの日本語教師が「読解授業で音読を行うことを「常識」と捉えてしまっていて、それには、過去の学習体験知が影響を与えている」こと、そして「教師間で音読をどのように、どんな目的を持ってさせているか、あるいはさせるべきかどうかについて話し合われることもなく、周りの教師も皆自分と同じようにしているのだろうとそれぞれの教師が思い込んでいる」ことを指摘しています。つまり、どんな力がつくのかがよく分からずに、音読活動を行っている日本語教師が多いということです。
　では、音読によってどんな力がつくと言われているのでしょうか。近接分野である英語教育の文献（國弘 2001、阿野・太田 2011、久保野 2014、三浦 2014）に目を通してみると、「音読することによって目標言語の蓄積が増え、その蓄積によって、瞬間的な反応が向上する」とされています。このことと、前掲の茂住・足立（2004: 38-40）による、「（日本語教師が考える）音読活動の目的」とを照らし合わせてみましょう。「気づきを促す」「読解のために音読を用いる」「学習者の学習状況をチェックする」「クラス授業を円滑に進める」「音読を繰り返すことで、日本語を体で感じたり、覚えさせたりする」「学習者に達成感や自信を持たせる」のうち、「音読することによって目標言語の蓄積が増え、その蓄積によって、瞬間的な反応が向上する」と一致しているのは、一つだけのようです。それは、

・音読を繰り返すことで、日本語を体で感じたり、覚えさせたりする
　　何度も声に出して読ませることで、音声言語としての日本語を体感して、体得させる。

のみです。このように、日本語教師が考えている音読の目的と、「音読によっ

てどんな力が身につくのか」の間には、大きなギャップがありそうです。このギャップを埋めるためには、「音読の可否や音読の用い方について、教室活動を見直していく」（茂住・足立 2004: 43）ことが必要です。これは「音読活動の目的をしっかりと把握し、その目的を達成するための具体的方法を考えること」を、すなわち「音読活動の中でアクティブ・ラーニングをどう実現するか、具体的に考えること」を意味します。以下、具体的方法を見ていきましょう。

a. 音読を行うタイミング

　日本語の授業ではよく、教科書の各課に出てくる「会話」を、教師が声に出して読み、その後に学習者全員がいっしょに同じ文をリピートする、という光景が見られます。この流れは、茂住・足立（2004: 38-40）による、以下の目的のために行っているように思えます。

　　・気づきを促す
　　　　音読することで、学習者自らが理解していない部分に気づく、これから何を学習するかを確認する。学習者自身が声に出して読むことで、表記・語句・文単位までの理解や習得を促す。

　ここで、教師が読み上げる初見の会話文を聞いて、それを直後にリピートする学習者の頭の中はどうなっているか、想像してみましょう。音読しながら、どのくらいの学習者が「自分が理解していない部分」に気づいているでしょうか。「これからこれを学習するんだ！」と確認しているでしょうか。「理解できない部分を探してください」、または「これから学習する項目を考えてください」という指示があっても、学習者はリピート作業に従事していますので、不明確部分への気づきや学習項目の確認はあまり起こらなさそうです。
　教師が読み上げる初見の会話文を聞いて、その直後にリピートする場面では、学習者は、会話文についての理解がない、または不足した状態で、文をリピートしています。髙橋（2011: 157）は、このことを問題視し、表現・伝達活動としての「音読」を、次のように定義しています[2]。

　　　音読（reading aloud）とは、意味を十分に理解した本文を、親や幼稚園の

2　髙橋（2011）『成長する英語教師―プロの教師の「初伝」から「奥伝」まで―』大修館書店

先生が子どもに本を読み聞かせる時のように、テキストを持たない人にも分かるように、その内容を音声で伝達する表現活動であり、スピーキングの橋渡しとなる活動である。

その上で、音読活動に入る時の留意点を二つ挙げています。

- 意味理解が不十分な状態で音読に入ってはならない。
  意味も分からず記号を音声化するのでは意味がない。
- 音読に入るレディネスとして、確実な意味理解が不可欠である。
  意味が理解できているからこそ、文の適切な区切り方や矯正の置き方、自然な抑揚が分かる。

こう見てくると、「『教師が読み上げる初見の会話文を聞いて、それを直後に学習者がリピートする』というやり方は、避けるべき」という結論に至ることができます。では、どうすれば、良いのでしょうか。

「会話文を確実に理解した上で、音読活動に入る」ことを厳守すれば良いのです。解決の方法が二つ、あるように思えます。一つ目は、会話文の内容についての理解を十分に深めてから、音読活動に入る方法です。会話文には通常、その課の新出学習項目が含まれていますので、会話文の音読活動はその課の一番最後に行うのが望ましいでしょう。もう一つは、以前習った（現在の日本語レベルよりはかなり易しめの）会話文、たとえば中級レベルの学習者の場合は、初中級レベルの会話文[3]で音読活動を行う方法です。

b. やり方：形態別

音読のやり方ですが、形態別に、大きく三つに分けられます[4]。

- 斉読（chorus reading）
  教師がテキストを範読（model reading）し、またはCDを聴かせ、その直後に学習者が一斉に声を揃えて読むやり方

---

3 英語教育の久保野（2014: 38）は、中学3年生の2学期なら、中学2年3学期〜中学3年1学期のレベルのテキストを選ぶことを提案している。

4 髙橋（2015）「Q4-14 音読指導の方法と進め方は？」樋口・髙橋編『Q&A 中学英語指導法事典—現場の悩み152に答える—』教育出版、pp.156-157.

・個別音読（buzz reading）
　　　各学習者が自分のペースで、声を出して読むやり方
・個人音読（individual reading）
　　　教師が個人（対話文ではペア）を指名して音読させ、個々の学習者の読みをチェックするやり方

それぞれの形態には、こんな長所（○）と短所（●）があります[5]。

・斉読
　　○ 短時間で多くの学習者に読ませることができる。
　　○ 読めない学習者もつられて読めるようになる。
　　● 声の大きい学習者につられて誤った発音をしてしまう。
　　● 読んでいない学習者がいても気がつきにくい。
・個別音読
　　○ 他人に引きずられることなく、各自が自分のペースで音読の練習ができる。
　　● 教師が学習者の発音の誤りを発見しづらい。
・個人音読
　　○ 聞き手に内容がよくわかる読み方をする練習になる。
　　○ 教師にとって、学習者がどのような発音上の間違いを犯しやすいのかを知るのに役立つ。
　　● 発音に自信を持てないでいる学習者などにとっては、辛い時間になってしまう可能性もある。

短所を克服するための留意点を、形態別に提案します。

(1) 斉読
いきなりCDを聴かせるよりも、教師の範読から始めよう

　教師の範読の強みとして、学習者の実態に合わせて「テキストを短く切りながら聴かせられること」「スピードの調整ができること」「繰り返しが簡単にできること」等が挙げられます。教師の後について上手に音読ができるようになった後

---

[5] 川口・横溝（2005a）『成長する教師のための日本語教育ガイドブック［上巻］』ひつじ書房

で、CD の後に斉読させるほうがいいでしょう。

範読後は、視線を学習者に向けよう

「音読している学習者の口元をしっかりと見ること」が重要です。教師は通常、視線をテキストのほうに向けて、範読を行います。

教師の範読の直後に、学習者が一斉に音読を始めるのですが、その時に視線をテキストに向けたままだと、こんな感じになります。

この状態について、静哲人氏は、以下のように述べています[6]。

> 教師の視線がテキストに落ちていて、学習者の発音を聞いていない。
> 全体として元気に声が出ていれば OK という態度が見える。
> 学習者が実際にどういう音を出しているのか、興味がない。
> これでは学習者の発音は、決してうまくならない。
> 学習者が「大きな声」より「きちんとした音」を出すということに気をつけるべき。

6　静（2009a）『英語授業の3形態——斉、ペア、そしてグルグル①（一斉授業の基礎　DVD）』ジャパンライム

この状態を避けるために、範読が終わったら、すみやかに視線を上げて、学習者の口元に注目しましょう。

　こうすることで、誤った発音をしている学習者にも、読んでいない学習者にも気がつくことができます。

(2) 個別音読
<u>机間巡視をしよう</u>
　机間巡視を行って、学習者の近くに移動し、学習者の発音を聞くことに努めましょう。

　机間巡視を行うことで、「個々の学習者の音読への習熟の度合いを把握・評価するとともに、うまく音読できない学習者がいれば個別に支援」（髙橋 2015: 157）することが可能になります。

(3) 個人音読
<u>学習者が自信を持って音読できるようになってから行おう</u>
　「指名を受けての、他の学習者の前での発表」ですので、スローラーナーにとっては、ハードルの高い活動になります。学習者のレディネスへの配慮が必要

不可欠です。このことに関して、髙橋（2015: 157）は、「クラスのどの学習者を指名しても上手に音読でき、褒めてあげられるレベルに達していることを見極め、勝算を持って行うべき」と述べています。

c. やり方：回数

　テキストを声に出して読む音読活動は、何回行えば良いのでしょうか。この点に関して、「一回だけの音読ではもったいない」（阿野・太田 2011: 97-98）という意見があります。「音読の効果＝目標言語の蓄積の増加による、瞬間的な反応の向上」であることは、すでに述べましたが、蓄積の増加のためには、「何度も声に出して読む」ことが必要です。たとえば、三浦（2014: 146）は、授業時間内にテキストを 8 回以上音読させることを勧めています[7]。しかしながら、同じテキストを何度も読んでいると、学習者は必然的に飽きてきます。「飽き」が出てくると、学習者の脳のアクティブな活動は、停止し始めます。これを避けるためには、いろいろな異なるタイプの音読をさせるのがいいでしょう。瀧沢（2005: 56）は、次のように主張しています[8]。

> 　生徒に力を付けさせたければ、生徒に活動をさせなくてはいけない。…音読も同じである。生徒に音読の力を付けるためには、実際に生徒に読ませなければ力は付きっこない。かといって、いつも同じ音読では飽きてしまう。教師はいろいろなメニューを持って、授業に臨むためにも、音読メニューを 20 や 30、備えておいて、生徒になげかけたい。

　どのような「音読メニュー」があるのか、英語教育の先行研究（瀧沢 2005、太田 2007、磯田 2011、阿野・太田 2011、髙橋 2011、田尻 2014、三浦 2014、髙橋 2015）を参考に、見ていきましょう。音読するテキストは、以下のものとします。

　　A：このほん　さんさつ　おねがいします。
　　B：さんさつ　ですね。
　　A：それから　あかい　えんぴつは　ありますか。

---

[7] 三浦（2014）『英語授業への人間形成的アプローチ―結び育てるコミュニケーションを教室に―』研究社
[8] 瀧沢（2005）『教科書を 100％活かす英語授業の組み立て方』明治図書

B：はい、ありますよ。
　　　A：じゃあ、ろっぽん　ください。
　　　B：ありがとう　ございます。

(1) 教師の後に繰り返す

　教師が範読してそれを学習者がリピートする、一番オーソドックスな方法です。

　　　教師　　：このほん　さんさつ　おねがいします。
　　　学習者：このほん　さんさつ　おねがいします。
　　　教師　　：さんさつ　ですね。
　　　学習者：さんさつ　ですね。

　文が長めの時は、文を頭から読んでいくのではなく、後ろから少しずつ読んでいく「Backward Chaining Technique」を使うといいでしょう。

　　　教師　　：おねがいします。
　　　学習者：おねがいします。
　　　教師　　：さんさつ　おねがいします。
　　　学習者：さんさつ　おねがいします。
　　　教師　　：このほん　さんさつ　おねがいします。
　　　学習者：このほん　さんさつ　おねがいします。

(2) 音読二度読み[9]

　教師の範読の後に、学習者に二度音読させる方法です。

　　　教師　　：このほん　さんさつ　おねがいします。
　　　学習者：このほん　さんさつ　おねがいします。
　　　　　　　　このほん　さんさつ　おねがいします。

　これで、学習者の活動量は2倍になります。ここで、「1回目は教科書を見て読みます。2回目は教科書を見ないで読みます」と指示すれば、活動のハードル

9　瀧沢（2005: 58-59）を参照。

が少し上がるだけでなく、暗唱活動に一歩近づきます。

  教師　：このほん　さんさつ　おねがいします。
  学習者：（教科書を見て）このほん　さんさつ　おねがいします。
    　（教科書を見ないで）このほん　さんさつ　おねがいします。

さらに、「1回目は教科書を見て読みます。2回目は友達の顔を見て読みます」と指示すれば、先ほどとは違った活動を行っているように学習者は感じます。

  教師　：このほん　さんさつ　おねがいします。
  学習者：（教科書を見て）このほん　さんさつ　おねがいします。
    　（友達の顔を見て）このほん　さんさつ　おねがいします。

(3) ペア音読

(1)の「教師の後に繰り返す」の教師の役割を、学習者が果たすやり方です。学習者Aが範読して、それを学習者Bがリピートするという形になります。

  学習者A：このほん　さんさつ　おねがいします。
  学習者B：このほん　さんさつ　おねがいします。
  学習者A：さんさつ　ですね。
  学習者B：さんさつ　ですね。

このやり方と、(2)の「音読二度読み」を組み合わせることも可能です。

(4) 役割音読

対話文の場合、どちらかの役割を学習者に与えることができます。まずは、教師と学習者全体で行ってみましょう。

  教　師　　：このほん　さんさつ　おねがいします。
  学習者全体：さんさつ　ですね。
  教　師　　：それから　あかい　えんぴつは　ありますか。
  学習者全体：はい、ありますよ。

何度か行った後で、AとBの役割を交代します。

　　　学習者全体：このほん　さんさつ　おねがいします。
　　　教　　師　：さんさつ　ですね。
　　　学習者全体：それから　あかい　えんぴつは　ありますか。
　　　教　　師　：はい、ありますよ。

　両方の役割の音読を行えることを確認して、座席位置などによって、学習者をA班、B班に分け、グループ同士で対話文の音読を行うといいでしょう。

　　　学習者A班：このほん　さんさつ　おねがいします。
　　　学習者B班：さんさつ　ですね。
　　　学習者A班：それから　あかい　えんぴつは　ありますか。
　　　学習者B班：はい、ありますよ。

何度か行った後で、AとBの役割を交代させます。
　ペアで対話文の音読活動を行う時は、同じ相手と何度も行うのではなく、対話相手をどんどん換えていくといいでしょう。たとえば、学習者を向かい合わせで座らせ、対話文を2回（A役とB役で各1回ずつ）行います。

その後、以下のように左に移動させます。

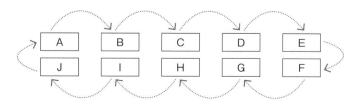

新しいペアで再度、音読活動を行います。

| J | A | B | C | D |
| I | H | G | F | E |

(5) 読みづらくする

　文字に頼った音読から少しずつ離れていくために、文字を読みづらくする方法が考えられます。たとえば、教科書を持ってこんなテキストを音読しているとしましょう。

　　　このほん　さんさつ　おねがいします。
　　　さんさつ　ですね。
　　　それから　あかい　えんぴつは　ありますか。
　　　はい、ありますよ。
　　　じゃあ、ろっぽん　ください。
　　　ありがとう　ございます。

　教科書を持ち替えて、逆さまに持てば、こんなふうになります。

　　　（上下逆さまに表示されたテキスト）

　左右反転したものを作成し、プリントとして配ったりパワーポイントで見せたりして、音読させる方法もあります。

```
                       この ほん さんさつ おねがいします。
                              さんさつ ですね。
                   それから あかい えんぴつは ありますか。
                              はい、あります。
                           じゃあ、ろっぽん ください。
                            ありがとう ございます。
```

左右反転と逆さまを共用すると、読むハードルはとても高くなります。

```
     ありがとう ございます。
     じゃあ、ろっぽん ください。
     はい、あります。
     それから あかい えんぴつは ありますか。
     さんさつ ですね。
     このほん さんさつ おねがいします。
```

(6) テキストの一部を隠す

　テキストの一部を隠すと、読みのハードルが上がります。いろいろな方法が可能かと思いますが、学習者が持っている鉛筆やペンをテキストの上に置く方法は、とてもシンプルで実施しやすいです。

　鉛筆やペンの本数は、自己選択という形を採って、学習者個人に決めさせるといいと思います。

覚えてほしい箇所を空欄にして、プリントとして配ったりパワーポイントで見せたりして、音読させる方法もあります。たとえば、次の対話を見てください[10]。

　　ラオ：新宿まで<u>いくらですか</u>。
　　佐藤：230円です。
　　ラオ：困ったな。<u>細かいお金</u>がありません。
　　佐藤：大丈夫ですよ。ここに千円札を<u>入れて</u>、230円のボタンを<u>押すと</u>、
　　　　　切符とお釣りが<u>出ます</u>。

　アンダーラインの部分の最初の文字だけが見えるようにすると、ヒントになります。

　　ラオ：新宿まで（い　　　　　）。
　　佐藤：230円です。
　　ラオ：困ったな。（こ　　　　　　）がありません。
　　佐藤：大丈夫ですよ。ここに千円札を（い　　　　）、230円のボタンを
　　　　　（お　　　）、切符とお釣りが（で　　　　）。

　アンダーラインの部分の最初の文字を消すと、読むハードルが上がります。

　　ラオ：新宿まで（　　　　　　）。
　　佐藤：230円です。
　　ラオ：困ったな。（　　　　　　　）がありません。
　　佐藤：大丈夫ですよ。ここに千円札を（　　　　　）、230円のボタンを
　　　　　（　　　　）、切符とお釣りが（　　　　　）。

(7) 制限時間を設ける
　刺激を与えるために、時間を計る方法です。この方法について、磯田（2011: 126）は、こう述べています[11]。

　　音読をして時間を計り、その時間内にできるように頑張らせたりします。

10　海外技術者研修協会編（1990: 189）より。
11　磯田（2011）『教科書の文章を活用する英語指導―授業を活性化する技108―』成美堂

その他には、二回目、三回目とくり返しながら、だんだんと制限時間を短くすることもできます。

音読が1回終わるごとに、読む体勢や位置をどんどん変えていくと雰囲気が変わります。たとえば、以下のような形です。

  1回目：椅子に座って読む
  2回目：立ち上がって読む
  3回目：180度回って（つまり後ろを向いて）立ったまま読む
  4回目：さらに180度回って（つまり前を向いて）立ったまま読む

音読できるスピードにはかなり個人差がありますので、時間がかかる学習者を追い込まないほうがいいと筆者（横溝）は考えます。ですので、「最初は全員立って、音読し終わった学習者から座っていく」形式には疑問を覚えます。早く座りたいために、適当に音読しているふりをする学習者も出てくることが予想されるからです。教師は、一番時間がかかる学習者が最後まで1回は音読できたことを確認して、音読活動の終了を告げるといいでしょう。

(8) たけのこ音読[12]

テキスト全体の中から、学習者が自分で読む文を決めて、自分の番が来たら立って読む方法です。一度に何人も立って読む様子が、「たけのこがニョキニョキと生えてくる」ように見えます。三浦（2012）は、国語の授業で、以下のような形の進め方を提案しています。

  「自分が読みたい一文を3つ選んでしるしをつけなさい。なるべく他のみんなが読まないような所を選ぶんですよ。先生と皆さんの勝負です。もし、誰も読まなかったら先生が読んでしまいますからね。先生に読まれたら皆さんの負けですからね。」
  「何人で読んでいても、一人が読んでいるように読むのですよ。」と、ぶつぶつと切れてとぎれないように注意を与える。全文を子供たちだけで読めれば、すばらしいとほめ、何度か教師が読んだなら、「はい、いま先生が○回

---

12 三浦（2012）「音読指導の10パターン」<http://www.tos-land.net/teaching_plan/contents/9421>

読みましたよ。次は先生に読まれないようにしましょうね。」
といえばよい。

(9) 指名なし音読 [13]

　教師が指名せずに、学習者が自由に立って音読していくやり方です。指名なし音読を学習者にさせるための説明は、こんな感じです（瀧沢 2005: 64）。

　　今から、1人1文ずつ読みます。
　　先生は指名しません。
　　自由に立って、1文読んでください。
　　そしたら、次の1文を誰か、違う人が読んでください。
　　では、どうぞ！

　最初は、学習者は自分から立ち上がって音読することに抵抗があるかもしれませんが、慣れてくれば、自分が自信を持って読める文を選んで、自主的に立ち上がり始めるでしょう。2人以上がいっぺんに立ってしまった場合は、立った学習者で同時に読ませる方法と、学習者同士で譲り合わせる方法があります。

(10) BGMつき音読

　音読するテキストに合った音楽を BGM としてかけると、ぐっと盛り上がります。たとえば、以下のような文章を音読するとします。

　　おはようございます。＿＿＿＿＿＿＿＿です。今日は、とても嬉しいニュースがあります。どうしても入りたかった○○大学の入学試験に、なんと合格したのです。一生懸命勉強していたので、受かった時は、「やった！」と思わず言ってしまいました。これから始まる4年間の大学生活、何が起きるのか、とても楽しみです。

　このような内容には、元気な音楽が合います。インターネット上に著作権フリーの BGM がアップロードされていますので、利用規約を確認の上、音読用の文言に合った BGM をダウンロードすれば、BGMつき音読に使用できます。ち

---

13 瀧沢（2005: 64-67）は、この活動を成功に導くためのポイントとして「積極性をきちんと評価すること」と「短い文がいくつか入っている教材を選ぶこと」を挙げている。

なみに、上掲の文言でしたら、30秒ほどの元気な曲をBGMとして使用すると、制限時間を与えることができるだけでなく、より気持ちのこもった音読を引き出すことができます。

(11) Read and Look Up

1文や語句をまず黙読し、顔を上げて、その文や語句を音読するやり方です。この活動によって、「文字を追いながらの音読」から「暗唱」へと徐々に移行することができます。

Read and Look Upを行う際には、学習者の視線に注目しましょう。ともすれば、文を覚えよう／思い出そうとするあまり、視線が斜め上に行きがちですが、教室の前方にいる教師とのアイコンタクトを切らないように指導するといいでしょう。「テキストから目を離し「相手の顔を見て、語りかけるつもり」で声に出す」ことで、「音読からスピーキングへの橋渡し」になります（髙橋2015: 157）。

Read and Look Upは、学習者がペアになって行うことも可能です。1人が先生役、もう1人が学習者役でやると、先生役ははりきります。ペアで行う際、話す側には「教科書から目を離し、聞き手とアイコンタクトを取る」ことを、聞く側には「アイコンタクトを取りながら、きちんと言えているかを確認する」ことを周知しておくと良いでしょう。また、「読ませる文が簡単な場合、黙読させる時間を短くしたり、または読む文を1文でなく、2文にするなど、学習者たちにとって少しチャレンジングにする」ことによって、読みのハードル調整が可能になります（阿野・太田2011: 98）。

とは言っても、アイコンタクトを取りながら発話することは、それほど易しいことではありません。金谷（2002: 40）は、「顔を上げてから言いなさいという指示を与えても、大抵の場合、声を出して読み終わってから目を上げる」学習者が多い点を指摘しています[14]。

---

14 金谷（2002）『英語授業改善のための処方箋―マクロに考えミクロに対処する―』大修館書店。ここでは、日本人生徒が英語でRead and Look Upをしている事例について述べている。

正しいやり方

間違ったやり方

　この傾向は、聞き手が教師ではない「ペアワーク」の場合、より強くなるように思います。金谷（2002: 41）は、この問題に対する解決策を、以下のように述べています。

　　こんな手がある。ペア・ワークの時は、生徒全員をそれぞれのパートナーと向かい合わせるように立たせて練習させる。その際、自分が英語を声に出して言う時と、相手がこちらに話しかけているときは、教科書を背中に持っていくということをさせるのである。

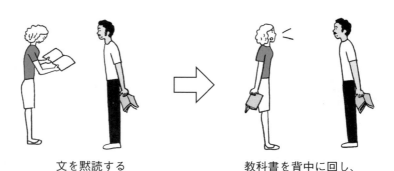

文を黙読する　　　　　　　　　教科書を背中に回し、
　　　　　　　　　　　　　　　声に出して言う

「自分が英語を声に出して言う時と、相手がこちらに話しかけているときは、教科書を背中に持っていく」というルールを守っている限りは、以下のようなペアは存在しないことになります。「発見したら、注意を与えると面白い」と、金谷（2002: 45）は述べています。

ルールを守っていないペア

「どのくらいの文の長さが、Read and Look Up に有効なのか」に関して、田尻（2014: 66）は、以下のように述べています。

> 1文ずつを覚えて上を向き、暗唱してみるという Read and Look Up も、どのページでもできる活動。だからこそ毎回やってうんざりさせないようにしたい。Read and Look Up は長くて複雑な構造をもつ文があるページで有効。（中略）長い文を Read and Look Up させると、その意味と構造を考え始める。

(12) Overlapping

教師の範読または CD に重ねながら、スピードに遅れないように、テキストを見ながら音読する練習です。Parallel Reading/Paced Reading とも呼ばれるこの活動は、自然なスピードやリズム、イントネーションに近づけるのに有効で、「教師の範読→学習者のリピート」の半分の時間で実施でき、短時間で練習量を確保することができます（髙橋 2015: 157）。Overlapping を行うと、日本語の自然なスピードに徐々に慣れてきます。また、リズムやイントネーションの習得にも効果的です。スピードが速くてついていけない学習者には「ついていけなくなったらその文はやめて、次の文からもう一度ついていってみよう」と言った

り、会話文であれば「1人の登場人物の部分だけをオーバーラッピングしてみよう」とアドバイスを与えたりするなど、学習者の状況に合わせて、臨機応変に行うことが大切です（阿野・太田 2011: 100-101）。

(13) Shadowing

「影のようについてくる」という意味の動詞 shadow から命名された活動です。文字を見ずに、耳から聞こえてくる音声（教師の範読や CD）を、遅れないようにできるだけ即座に声に出して繰り返しながらついていく練習法です。

Shadowing は、ある程度音読練習を行った後に行う「発展的活動」であり、言語知識の自動化（automatization）を進め、表現能力を高める効果があるとも言われています（白畑・冨田・村野井・若林 2009: 276）。

Shadowing は「耳に入ってきた文を即座に再生する」という、とてもハードルの高い活動ですので、上掲のさまざまな音読活動を通して、再生する文の内容や構造にかなり習熟してから行うことをおススメします。

文の内容や構造にかなり習熟してきたら、学習者のペアを作り、一人の学習者がテキストを見ながら範読し、もう一人の学習者がそれをできるだけ即座に声に出す、という活動が可能になります。その際には、学習者を「背中合わせ」に立たせるといいでしょう。

　この形だと、範読する学習者は聞こえるように大きな声を出そうとしますし、もう一人の学習者は範読を必死に聞こうとします。範読の役割を双方が行った後は、二人とも一歩前進してもらいましょう。先ほどよりも二人の間の距離が広がりますので、さらに大きな声が出てきます。

d. 声の大きさ

　日本語の授業では、学習者が大きな声で音読をしている場面によく遭遇します。学習者が元気よく声を出していることに、日本語教師は満足しがちなのですが、「学習者が大きな声で音読している状況＝望ましい」と捉えることには慎重であるべきです。以下のような意見があります。

> 　元気に大声が出ているからといって「授業がうまくいっている」と安心するのは早計です。授業で目指すべきなのは、集団で一斉に音読する声が大きくなることではありません。(中略)肝心なのは、個人個人が、文の構造と意味をしっかりと理解し、その上で、意味を相手に伝えようとして音声化しているのか、ということです。(久保野 2014: 34)

大きな声で何度もすらすら読んでいるうちに、徐々に発音が良くなることは 200% あり得ない。応援団の練習ではあるまいし、声のボリューム自体はどうでもいいのである。（中略）「漫然と読まずに、自分の発音を変えるつもりで、意識してきちんと！」と声をかけよう。（靜 2009b: 19）

　必要以上に「どなる」「大声を出す」ことを習慣づけるようなことは望ましくありません。（中略）相手の気持ちになってことばを使う、状況に応じて声の大きさや言い方をコントロールすることも、外国語活動でぜひ取り入れたい内容です。（金森 2011: 30-31）

　これらの主張に基づけば、「学習者が大きな声で音読している状況＝望ましい」と結論づけてはいけないことが分かります。学習者が大きな声で音読してることにただ満足するのではなく、「正しく発音できているのか」をきちんとチェックすること、そして「気持ちの伝わる話し方になっているか」に配慮することが求められています。

e.　気持ちを伝える練習

　「気持ちを伝える」練習を行うためには、音読するテキストの内容をしっかりと分析し、理解しておくことが必要不可欠です。そのためには、後述する「推論発問による内容理解」が役立つのですが、ここでは、「気持ちを提示して練習する方法」を紹介します[15]。初級の日本語学習者が対象なら、こんな感じです。

　　［その１］
　　　言ってみよう！　いろいろな「すみません。」
　　　　① 心から「I'm sorry.」という気持ちで。
　　　　② 本当は納得していないが、しかたがないので一応あやまる。
　　　　③ 知らずに足を踏んでしまった人にあわてて…。

　　［その２］
　　　気持ちを込めて、言ってみよう！（「納豆は好きですか？」への回答として）
　　　　① はい、好きです。　　　　　　　　I like it a lot.

15　金森（2011）は、この活動を「なりきりオーディション」と命名している。

② はい、好きです。　　　　　　　Yes, it's OK.
③ いいえ、好きじゃありません。　No, I don't like it much.
④ いいえ、好きじゃありません。　No, I hate it!

f.　音読から朗読へ

　青谷（2017）は、「聞き手を意識して、声に出して読むこと」を「朗読（reading alive）」と規定し、朗読を行うことで、以下の力がつくと主張しています[16]。

- 聞き手や状況に合った伝え方ができるようになる。
- 文章の意図や背景を正しく理解して伝えられるようになる。
- 表現力がつく。

　その上で、青谷（2017: 15）は、朗読を行う時の3大ポイントを、以下のように挙げています。

Comprehension（理解）
　「理解、把握」ということ。言葉の意味だけでなく「内容・文脈上の意味」を捉える、文章の全体像を把握することを含む。

Imagination（想像）
　「想像」、つまり、物語であれば登場人物がどんな声なのか、どのようなシーンなのかといったことを想像し、理解した内容と届けたいイメージを頭の中に思い描くこと。

Visualization（視覚化）
　「視覚化・可視化」。映画監督になったつもりで、聞き手にどんな映像をどのように届けるのかを考えること。これは、例えば、内容にふさわしい声の「トーン」や話す「スピード」を考えることなども含む。

　こういったことがすべてできれば、確かに「聞き手の心に届く」朗読になりそうですが、日本語学習者にとっては、とても高いハードルのように思えます。そこで、3大ポイントを実現するために、青谷（2017: 16-20）は以下の留意点を紹

---

16 青谷（2017）『英語は朗読でうまくなる！―アナウンサー直伝！伝わる英語を話すための10のテクニック―』アルク

介しています[17]。

　スピード
　　本当に人に何かを伝えたいときは、一語一語、はっきりゆっくり話すはず。「相手が聞きやすいスピードで」話すことが最も重要。
　強調
　　強調する方法は、「声を大きくする」ことだけではない。ゆっくり読んだり、前後に大きな「間」を取ったり、声のトーンをぐっと下げたり、小さくささやく、といった方法で強調することも可能。内容に合った方法で、その単語や表現が目立つように工夫することが大切。
　間
　　ちょっとした「間」によって、聞き手の注意を引いたり、「次に何が来るの？」とワクワクさせたりすることができる。
　呼吸
　　「内容の区切れごとに小さく息継ぎをする」ようにすると、あたかも自然に話しているように読むことができ、内容が変わるところで「間」ができるので、聞き手にも伝わりやすくなる。
　調子
　　「私は〜、英語を〜、勉強して〜」などと語尾を伸ばしたり上げたりする話し方をする人がいるが、朗読の際に「節」が付いてしまうと、終始同じ「調子」になってしまう。この読み方では、聞き手が眠くなってしまうだけでなく、重要なこと、伝えたいことがぼやけるので、メッセージの伝達には適していない。

上掲のすべての留意点が、「聞き手を意識すること」の大切さを表しています。

　　朗読にとって最も大切なことは「聞き手を意識すること」です。聞き手に声がきちんと届いているか、聞き手に内容が正確に伝わっているか、聞き手に「面白い！」と思わせることができているか。こうした点から自分の表現を点検し、聞き手に伝わるように工夫することは、会話、スピーチ、プレゼンテーションでも必要な行為です。（青谷 2017: 2）

---

17 青谷（2017）では、本書で紹介した留意点に加えて、英語の朗読に特に必要だと思われる「音（ピッチ・トーン）」「発音」「理解」「マーキング」「練習」が挙げられている。

たくさん音読練習して「暗唱」までできるようになった日本語学習者を、「聞き手を意識した朗読」がしっかりとできるよう指導することは簡単なことではありませんが、最終的にめざす目標として掲げても良いと、筆者（横溝）は考えています。

2. 推論発問で深い読みを促す方法

　「推論発問（inferential questions）」とは、「テキスト上の情報をもとに、テキスト上には直接示されていない内容を推測させる」（田中・島田・紺渡 2011: 13）問いのことです[18]。たとえば、こんな読解教材を使用するとします[19]。

> わたしは　去年　ペルーから　日本へ　来ました。
> ワットさんに　テレビを　もらいました。　松本さんに　机を
> もらいました。　山田さんに　コートを　もらいました。　会社の
> 人に　自転車を　借りました。　わたしは　皆さんに　ペルーの
> お土産を　あげました。
> わたしは　来週　国へ　帰ります。　きょう　会社の　人に
> 自転車を　返しました。　友達に　テレビと　机を　あげました。
> でも、　コートを　あげませんでした。　わたしの　身長は
> 165センチです。　友達の　身長は　2メートルです。

　この教材には、こんな問いが付随しています。

---

[18] 田中・島田・紺渡編著（2011）『推論発問を取り入れた英語リーディング指導―深い読みを促す英語授業―』三省堂
[19] 牧野・澤田・重川・田中・水野（2014）『みんなの日本語初級I　初級で読めるトピック25［第2版］』スリーエーネットワーク、pp.10-11。

Ⅰ　だれに　何を　もらいましたか。だれに　何を　あげましたか。
　　（　）に　①〜⑤を　入れて　ください。

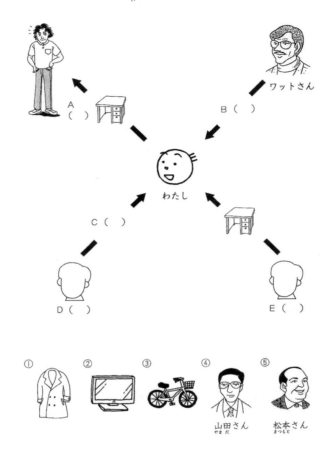

　これらの問いは、テキスト上に直接示された内容を読み取らせるもので、「事実発問（fact-finding questions）」と呼ばれます。問いの答えに当たる部分をテキストの中からそのまま抜き出して回答すれば正解が得られます（田中・島田・紺渡 2011: 12）。
　上記の問いの代わりに、こんな問いをしてみるとどうなるでしょうか。

　　問1）　私がもらったものは、全部でいくらぐらいですか。
　　問2）　山田さんの身長は、何センチぐらいですか。

問1に答えるためには、①もらったものをすべて挙げ、②それぞれが中古だったらいくらぐらいになるのかを考え、③合計額がいくらになるのか、を計算しなければなりません。問2に答えるためには、①165センチの上下何センチだったら同じコートが着られるのか、②どのくらい大きめの／小さめのコートを人はあげてもいいと思うのか、等を考えなければなりません。
　もう一つ例を見てみましょう[20]。

　　［相談］
　　　去年　結婚しました。　妻は　働いて　いますから、　わたしも
　　　料理や　掃除を　して　います。　月曜日と　木曜日は　ごみの
　　　日です。　ごみは　いつも　わたしが　捨てます。　先週の
　　　月曜日の　晩　妻は　ごみを　見て、「きょうは　ごみの
　　　日だったけど。」と　言いました。「僕は　『きょうは　急ぐから、
　　　君、　捨てて。』と　言ったよ。」「いいえ、言わなかった。
　　　わたしは　聞かなかった。」「言った。」「言わなかった。」
　　　どちらも　自分が　正しいと　思いました。　妻は　それから
　　　わたしと　話しません。　わたしの　顔も　見ません。　わたしは
　　　妻と　仲直りしたいです。　中川先生、　アドバイスを　お願いします。
　　　（会社員　28歳）

　この文章に対して「誰がごみを捨てましたか」と聞くのは、「事実発問」です。「推論発問」としては、こんなものが考えられるでしょうか。

　　問1）　会社員はたくさん家事をしていますか。
　　問2）　この夫婦が住んでいる地域では、何時ごろごみを出すことに
　　　　　なっていますか。
　　問3）　会社員は妻を愛していますか。
　　問4）　妻は会社員を愛していますか。

　問1については、①料理・掃除・ごみ出しをしていることを確認し、②夫の分担が多いか／少ないかを、自分の基準に照らし合わせて、考えなければなりませ

---

20 牧野・澤田・重川・田中・水野（2014: 50-51）より。

ん。問2については、①「その日に出したか／出さなかったのか」という会話が「晩」になされていることを確認し、②晩より早い時間であれば、何時ごろから何時ごろまでに出さなければならないか、を考えるでしょう。問3については、「きちんと伝えたはずなのに、それを聞いていないと言い張り、それ以降、話さない・顔も見ないという態度を取り続ける妻」との仲直りを望む夫の態度は、妻を愛していることの表れなのか、それとも、ただ単に穏やかな時間を望んでいるだけなのか等、いろいろな意見が出てくるかもしれません。問4についても同様に、意見が分かれそうです。

　質の高い推論発問を作成するにはコツがあります。田中・島田・紺渡（2011: 24-36）は、四つの「推論発問づくりの原則」を提唱しています。

　　推論発問づくりの原則
　　　　a. 明確性の原則：問いを明確にする
　　　　b. 意見差の原則：異なる意見を引き出す
　　　　c. 証拠の原則：本文中に証拠を探させる
　　　　d. 挑戦性の原則：挑戦的な問いにする

以下、一つひとつ、具体的に見ていきましょう。

a. 明確性の原則：問いを明確にする

　学習者にとって「何が聞かれているのか」は、常に明確でなくてはなりません。そうでなければ、「え？　どういうこと？」と、聞かれた側に戸惑いが生じます。推論発問は、事実発問よりも抽象度が高いので、作成する際には明確性に配慮しなければなりません。発問の明確性の高い順に並べると、

　　① Yes/No 形式の問い（はい／いいえで答える）
　　② Either/or 形式の問い（A か B かを選んで答える）
　　③ Who/When/Where/What 形式の問い（「誰が／いつ／どこで／何を」に答える）
　　④ Why/How 形式の問い（「なぜ／どのように」に答える）

となります。答える学習者に合わせて、どのくらいの明確性の推論発問にするのか、調整しなければなりません。

b. 意見差の原則：異なる意見を引き出す

　発問に対する解答が対立すると、学習者は「どちらのほうが妥当なのか」検証する必要が生じ、「そう言い切れる証拠はどこにあるのか」を本文中から探そうとします。このプロセスを生み出すために、複数の意見が出てくるような推論発問を作成する必要があります。

　推論発問を投げかけた後は、以下のような形で進めるといいでしょう。

　　（ア）個人で考える時間を確保する。
　　（イ）グループ内で意見の交換と共有を行う。
　　（ウ）グループ間で意見の交換と相互評価を行う。

　グループ内の意見交換の際は、「グループごとに一つの意見に集約させる」必要はありません。グループ間で意見を交換する時に、異なった複数の意見をそのまま他のグループに伝えます。そのほうが、授業が活性化します[21]。

　意見の対立が出た時には、次のように対処します（田中・島田・紺渡 2011: 25）。

　　グループ内討議またはグループ間討議で、異なる意見が提示されたとき、教師は「どちらの意見がより妥当か」と問いかけます。そして、より説得力のある証拠を見つけさせます。自分の意見が他の意見よりもより正当であるということを立証する証拠を探したグループ、または個人が評価されます。このように、推論発問を取り入れた読解授業では、授業形態や教師の役割が従来の文法訳読式と大きく変化することになります。

c. 証拠の原則：本文中に証拠を探させる

　推論の根拠は、本文中に必ず存在していなければなりません。推論の根拠が本文中になければ、クラスでいくら議論しても、読解が深まらないからです。推論発問の場合、答えが本文中に明示されていませんので、本文中から「一部」をそのまま抜き出しても、それだけでは解答になりません。その代わりに、答えを導くための「ヒント」が本文中に隠されていますので、そのヒントを手がかりに、学習者は推理・推論して答えを導き出します。

21　グループ間の意見交換の際には、「私語をなくすため、グループは解散させるなどの工夫が必要」（田中・島田・紺渡 2011: 25）です。

推論の証拠を探すために、学習者は本文を繰り返し読みます。証拠が簡単に見つからないものであれば、発問に直接関係する部分だけでなく、必然的に他の部分も読むことになります。こういった一連の作業は、「目的を伴った能動的な学習」（田中・島田・紺渡 2011: 26）と言えるでしょう。

　学習者が勝手な解釈に基づいて解答をしている場合は、本文の中から推論の証拠を探すように指導する必要があります。

> 　教師は、生徒の意見が本文から遊離した解釈にならないように、常に本文の中から推論の証拠（根拠）を探すように仕向けなければなりません。生徒の独創的な意見を尊重しつつも、「それは本文のどこに書いてあったの？」などと切り返して、生徒の解釈に対してその論拠を明示するように指示します。そして、議論が本文から脱線しないよう軌道修正し、議論をテキストに戻してあげる必要があります。（中略）また、教師は、どのグループでどんな意見が出ているかをグループ討議の際にモニターして、情報を収集しておく必要があります。この情報をうまく活用して、全体討議に役立てましょう。（田中・島田・紺渡 2011: 26）

d. 挑戦性の原則：挑戦的な問いにする

　発問は学習者に「取り組んでみよう！」と思わせるぐらい「挑戦的 (challenging)」でなければなりません。難しめのパズルを解くような挑戦性があると、学習者は意欲的に取り組みます。

　挑戦性の度合いは、根拠となる情報の「量」と「配置」によって決まります。本文中で一つの証拠を見つければ良い「局所発問」よりも、複数の証拠を見つけなければならない「全体発問」のほうが、挑戦性は高くなります。配置については、発問とその答えの証拠が近い位置にあると証拠を見つけやすいので、挑戦性は低くなります。その反対に、発問から遠いところに証拠があれば、証拠を見つけにくく、挑戦性は高くなります。

　以上のような「明確性」「意見差」「証拠」「挑戦性」という四つの原則に沿って作成された推論発問は、読解の授業で、以下のような役割を果たしてくれます（田中・島田・紺渡 2011: 22）[22]。

---

[22] 田中・島田・紺渡（2011）は、テキストを「会話文」「物語文」「説明文」に分け、それぞれのテキストでの推論発問の作り方のコツを具体的に紹介している。

(1) テキストの細部を必然的に読み取らせる。
(2) テキストの具体的な理解を促す。
(3) テキストを異なる角度から繰り返し読ませる。
(4) テキスト全体の意味を読み取らせる。
(5) テキストの主題の理解につながる深い読みを促す。

　推論発問によって生み出される授業は、媒介語への逐語訳的な読みの授業とは大きく異なります。リーディング指導に関して、以下に挙げるような願いを持った方は、ぜひチャレンジなさってはいかがでしょうか[23]。

(1) テキストを読みたいと思わせるような魅力的な読解活動を作りたい。
(2) テキストを異なる角度から繰り返し読ませたい。
(3) テキストの部分的な読みだけでなく全体を読み取らせたい。
(4) テキストの深い読みを促すような指導をしたい。
(5) 多様な解釈が学習者から出てくる活気のある授業をしてみたい。

---

23 田中・島田・紺渡（2011: 11）より。

G　リスニングの指導

リスニングの授業が「聞こえた音声をきちんと聴きとれたのか」をチェックする形になってしまっていることはないでしょうか。「聞かせて答え合わせして終わりというパターン」（阿野・太田 2011: 54）から脱却し、学習者の頭の中がより活性化する方法を考えてみましょう。

上山（2016a: 68）は、「聞く前後の活動を工夫して、内容に興味を持つようにする」方法として六つの具体的な指導例を挙げています。各指導例は、以下のようにまとめられます[1]。

> 指導例1＝聴く目的をはっきりとさせておくことで、聴く意欲を高めようとする工夫
> 指導例2＝内容スキーマを活性化させた上で、実際に聴く活動に入る工夫
> 指導例3＝聴く前に内容を予想させ、正解を確認したいという気持ちを生じさせる工夫
> 指導例4＝「課題遂行のためには、しっかり聴かなきゃ」という気持ちを起こさせる工夫
> 指導例5＝リーディングとリスニングの統合により、テキスト理解への意欲を向上させる工夫
> 指導例6＝リスニングから4技能の統合型指導に移行する工夫

ここでは、指導例3〜6の具体的方法について見ていきます。

1. 聴く前に内容を予想させ、正解を確認したいという気持ちを生じさせる工夫（指導例3）

中嶋（2000: 76）は「文脈をとらえて、次を予想しながら聴く」ことの大切さを強調し、聴解教材を途中で止めて、次を予想させる活動を紹介しています[2]。以

---

[1] 上山（2016a）『授業が変わる！英語教師のためのアクティブ・ラーニングガイドブック』明治図書。上山は、リスニングとリーディングを同時に取り上げているが、ここでは、リスニングに焦点を当てて紹介する。各具体的指導例について、詳しくは上山（2016a: 68）を参照。
[2] 中嶋（2000）『学習集団をエンパワーする30の技―subjectからprojectへ―』明治図書

下のような形です[3]。

　　山下さんと田中さんはレストランへ行きました。
　　　　（予想：山下さんはラーメンを食べました。）
　　レストランで山下さんは天ぷら定食を注文しました。
　　　　（予想：田中さんはラーメンを注文しました。）
　　田中さんはビーフカレーを注文しました。
　　　　（予想：コーヒーも注文しました。）

　次に聞こえてくる内容と照らし合わせながら、予想と合っていたかどうかを、学習者は確かめます。
　「予想しながら聴く」活動ですが、絵や文などから得られる情報に基づいて予想を立て、予想と合っていたかどうかを確かめさせることも可能です。たとえば、以下のような教材を使うとします[4]。

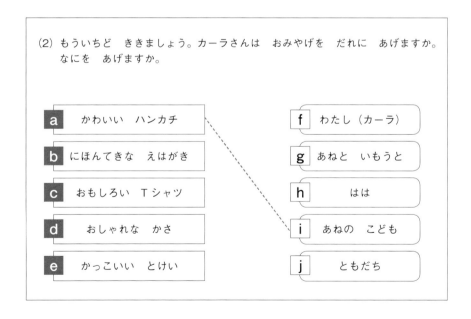

3　筑波ランゲージグループ（2007: 53）に基づき筆者が作成した。
4　国際交流基金編著（2013）『まるごと―日本のことばと文化―［入門A1　かつどう］』三修社、p.96. より一部改変。

[1]
 すずき：カーラさん、なにがほしいですか。
 カーラ：ハンカチがほしいです。
 すずき：どんなハンカチがいいですか。
 カーラ：かわいいハンカチが3まいほしいです。あねのこどもにあげます。

[2]
 カーラ：わたし、Tシャツがほしいです。
 すずき：どんなTシャツですか。
 カーラ：おもしろいTシャツ、2まい。あねといもうとにあげます。

[3]
 カーラ：えーと、ポストカードもほしいです。
 すずき：ああ、えはがきですね。
 カーラ：はい。えはがき、8まいほしいです。ともだちにあげます。
 すずき：にほんてきなえはがきがいいですよね。
 カーラ：はい。

[4]
 すずき：なにがほしいですか。
 カーラ：とけいがほしいです。
 すずき：どんなとけい？
 カーラ：かっこいいとけいがいっこほしいです。わたしがつかいます。

[5]
 カーラ：あ、かさもほしいです。
 すずき：へえ、かさですか。
 カーラ：はい。にほんはおしゃれなかさがあります。
 すずき：そうですか。たぶんたかいですよ。
 カーラ：だいじょうぶです。いっぽんです。ははにプレゼントします。

聴く前に教師が「カーラさんは、誰に何をあげますか？ あげる物を確認して、『これだったら○○さんにあげるだろう』と想像して、予想する答えを書いておいてください」と指示を出します。すると、「かっこいい時計は高いから、自分用じゃないのか」「おもしろいTシャツは、母親用ではないだろうな」などと、学習者は考えを巡らせます。会話を聴いて予想が合っていると、学習者から歓声が上がり始めます。

2. 「課題遂行のためには、しっかり聴かなきゃ」という気持ちを起こさせる工夫（指導例4）

事後に行うことの明示により、「ただ、ボーっと聞く」のを避けられます。次にすべきアクションを示しておくと、学習者は受け身から主体的になります。たとえば、「聴いた後に、聴きとったこと／聴きとれなかったことをペアで話し合う活動」を設けると、学習者間で「ねえ、ここどう言ってたの？」「ここはこう言ってたんじゃないかな？」「あっ、そうか！」等の確認作業と教え合いが始まります。その後、教師が聴きとるためのヒントを与え、もう一度聞くと、「あっ、そうか！」「なるほど」などという声が聞こえたりします（阿野・太田 2011: 55）。

「聴いた後に、聴きとったこと／聴きとれなかったことをペアで話す」という課題が設けられていることを知っている学習者は、ペアでの話し合いへの参加のために、より積極的に聴きとろうとするでしょう。

3. リーディングとリスニングの統合により、テキスト理解への意欲を向上させる工夫（指導例5）

太田（2012: 21）は、Input と Output の関係について、以下のように述べています[5]。

> Input と Output の関係について押さえておきたいのは、「Input = Output」ではないということです。Input と Output の関係は、（中略）圧倒的に Input が多く、その中で一部が Output となるのが言語習得として自然です。（中略）Input を十分に与える前から Output を急いでしまうのではなく、Input を豊富に与え、その中から一部を Output させてみるという考えで授業をしてみませんか。

この主張は正しいと思います。まだうまく言えない状態なのに「言え」と命令されて言わされることで、外国語学習が嫌になってしまう学習者も少なくないでしょう。しかしながら、何度も何度も同じようなものを聴かされるのは、「退屈さ」を生んでしまいます。これを避ける方法としては、「Input と Output の往復」

---

[5] 太田（2012）『英語の授業が変わる50のポイント』光村図書

があります。「Input for Output 活動」について、太田（2012: 22-23）は、以下のように述べています。

　「Output はなぜするのですか？」と生徒に尋ねられたら、何と答えますか。（そういう質問をする生徒はいないとは思いますが…。）
　Output することにより、表現や文がスラスラ言えるようになるなど、いくつか目的はあるのですが、そのうちの大切な1つは「ギャップ」を感じさせることです。つまり、Output すると「自分が言いたいこと（書きたいこと）と言えることのギャップ」に気づきます。ギャップを感じること、つまり生徒が困ること、これが大切なのです。
　でも、「えっ、困ったらよくないじゃない」と思うのではないでしょうか。ギャップを感じさせたままならばよくありません。「ギャップ＝チャンス」なのです。ギャップを感じさせたのなら、Input に戻らせればいいのです。例えば、生徒が教科書の内容を話そうとして、「自分が言いたいことと言えることのギャップ」を感じたとします。ここで教師は、生徒に教科書をもう1度読ませます。（つまり、Input に戻らせます。）そうすると生徒は、ギャップを埋めるためのものを発見します。「あっ、こう言えばいいんだ」という気づき、この「あっ」がとても大切です。
　「Output→ギャップ→あっ（気づき）」という流れが重要です。Output は終着駅でなく、途中の駅です。Input した後で、また Output に戻ります。カギは Input と Output の往復にあるのです。

「Input for Output 活動」の例を見てみましょう。たとえば、こんな文を教材として使用するとします[6]。

付き合いは「人間」として

　　　　　　　　　　　熊本市　カーク・マスデン（大学講師33歳）

「身近な外国人」というテーマを考えるとき、どうしたら外国人と日本人との間の文化摩擦を乗り越えられるか、という問題は避けられません。皮肉なこ

---

[6] 朝日新聞1992年2月10日付（Miura & McGloin（1994）『An Integrated Approach to Intermediate Japanese　中級の日本語』The Japan Times, p.315 に掲載）

となのですが、日本人が文化の違いにこだわりすぎるため、外国人との関係がうまくいかなくなることが多いと思います。

　例えば、アメリカの知り合いが、日本の子供たちと仲良くなることを期待して普通の幼稚園に子供を入れたものの、参観に行ったら自分の子供は他の子から離れて遊んでいるのを見て驚いたそうです。先生に尋ねると、「これがアメリカのやり方だと思った」と言われたそうです。

　これはアメリカ文化の誤解に基づいていますが、その理解が正しくても、問題になることがあります。

　アメリカでは名前を呼び捨てにするのが普通ですが、日本でもアメリカ人だからといって、呼び捨てにする日本人がいます。英語で話している場合はいいのですが、いつも日本語で話しているのに、周りの日本人と違って自分だけが呼び捨てにされていることを気にする人がいます。また、母国でなら別ですが、日本で「ハロー」と言われることも、必ずしも気分の良いことではありません。逆に、「こんにちは」と声をかけられたり、ごく普通に話してもらったりすると、私はうれしく感じます。「外国人」より「人間」として接してもらっている気がするからです。

　文化の違いは確かにあり、問題が起きたらそれを考える必要がありますが、ふだんは日本人と同じように付き合ってもらえれば、と思います。

（「テーマ討論・身近な外国人」投書より）

活動1：本文を最初から最後まで一度聴く。（メモは取ってはいけない）
活動2：ペアを作り、ジャンケンで勝ったほうから、本文の内容を1分間で話す。終わったら交代。
活動3：本文を最初から最後までもう一度聴く。（メモを取っても良い）
活動4：ペアを変え、ジャンケンで勝ったほうから、本文の内容を1分間で話す。終わったら交代。（メモをチラ見しても構わないが、読んではいけない）
活動5：教師が「本文、読んでみたいですか？」と質問する。→すると、大部分の学習者が「はい！」と回答する。そこで、「10分間で、本文を読んで話をまとめてください。あとで、1分間話してもらいます。話す時は、メモをチラ見しても構わないですが、読んではいけません」と伝える。
活動6：ペアを変え、ジャンケンで勝ったほうから、本文の内容を1分間で話す。終わったら交代。（メモをチラ見しても構わないが、読んではいけない）
活動7：「話の内容に対するコメントや意見を加えてください」と伝え、3分間で

コメントや意見を考えさせる。

活動8：ペアを変え、「本文の内容とあなたのコメントや意見を、ジャンケンで勝ったほうから、2分間話してください」と伝える。終わったら交代。（メモをチラ見しても構わないが、読んではいけない）

以上の活動を行うと、IuputとOutputは、以下のようになります。

［Input］
- 活動1のリスニング
- 活動2で、ペアのパートナーが話していることのリスニング
- 活動3のリスニング
- 活動4で、ペアのパートナーが話していることのリスニング
- 活動5のリーディング
- 活動6で、ペアのパートナーが話していることのリスニング
- 活動8で、ペアのパートナーが話していることのリスニング

［Output］
- 活動2のスピーキング
- 活動4のスピーキング
- 活動5のノート・テイキング
- 活動6のスピーキング
- 活動7のノート・テイキング
- 活動8のスピーキング

「活動2，4，6，8での、ペアのパートナーが話していることのリスニング」はとても大切です。学習者間で「ああ、こういうふうに言えばいいのか」という気づきが生じるからです。

4. リスニングから4技能の統合型指導に移行する工夫（指導例6）

4技能の統合とは、四つの技能を分けて練習していくのではなくて、「四つの技能を伸ばす活動が一つの授業の中で組み合わさって出てくる形式」のことを指します（川口・横溝 2005a: 230）。4技能の統合の考えの根本には、「実生活での

コミュニケーションは、どんなものか」という問いがあります。実生活では通常、次のような形で、技能同士がつながっています。

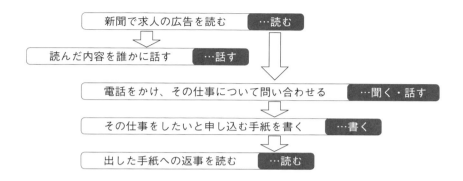

大森（2013: 90）は、物語を途中までリスニングして、話の続きを話し合う技能統合型授業を、以下のように紹介しています[7]。

［授業の流れ］
　聞く前に
　　① ストーリーの最初の3枚の絵カードをWBに貼る。

　　② 絵カードの登場人物について全員で話す。絵カード中の新出語を板書する。
　聞く　その1
　　最初の3枚の絵カードに該当するところまで音声を聞く。
　聞いた後で　その1
　　① 教師が内容確認の質問をする。

7　大森（2013）『聴解授業の作り方編（日本語教師の7つ道具シリーズ⑥）』アルク

② その後のストーリー展開をグループで話し合って予測する。
③ 教師がストーリーの次の 3 枚の絵カードを WB に貼る。絵カードの登場人物について全員で話し、新出語を板書する。

<u>聞く　その 2</u>
　　この 3 枚の絵カードに該当するところまで音声を聞く。
<u>聞いた後で　その 2</u>
　① 教師が内容確認の質問をする。
　② その後のストーリー展開をグループで予測する。
　③ 教師がストーリーの最後の 2 枚の絵カードを WB に貼る。絵カード中の新出語を板書する。

<u>聞く　その 3</u>
　　最後の 2 枚の絵カードの音声を聞く。
<u>聞いた後で　その 3</u>
　① 教師が内容確認の質問をする。
　② ストーリー展開が予測通りだったかグループで話し合って、発表。
　③ まとめとして最初から最後まで通して聞く。

　この活動は、「聞く→話す」の繰り返しですが、たとえば、カチカチ山のストーリーについて書かれた文を読む活動を入れたり、上記の「予想」を書いて学習者間で交換して読み合う活動を入れたりすると、4 技能の統合活動へと移行します。こういった 4 技能の統合型授業を行おうとすると、比較的長い時間がかか

ります。すると、学習者の集中力が継続しにくくなることがあり、そのことへの配慮が必要です。上掲の長めのストーリーを教材として使用した例では、視覚教材を活用したりストーリーを短く区切ったりすることで、学習者の集中力を維持しようという試みがなされています。

5. その他のリスニング活動の工夫

大森（2013: 84-85）は、TPR（Total Physical Response）を使って、「～てください」と「～ましょう」の指示を聞き分ける練習を紹介しています。

「聞く前に」の説明例）
 T：TPRでは、テキスト、いりません。ノートもいりません。後でプリントを渡しますから、何も書かないで、聞いてください。わたし（教師）は話します。皆さんは何も話しません。よく聞いてください。よく聞いて、動いてください。時々1人で動きます。時々クラスみんなで動きます。わからないとき、大丈夫です。わたしはちょっとヒントを出します。皆さんはクラスメートに教えないでください。わたしは、ゆっくり話しません。ナチュラルスピードで話します。でも、大丈夫です。よく聞いて、動いてみてください。TPRは毎週します。最後の授業では、「白いシャツを着てジーンズをはいている人立ってください（すごく早口で言ってみる）」こんなフレーズを聞いても、皆さんは動けるようになります。

「聞く」のTPR例）
 T：L1さん、立ってください。
 L1：（立つ）
 T：L2さんも、立ってください。
 L2：（立つ）
 T：ありがとう。L1さん、座ってください。
 L1：（座る）
 T：L2さんも座ってください。
 L2：（座る）（以下、L3、L4も同様に）
 T：皆さん、立ちましょう！（Tも立ち上がる）

L：(立つ)
　　　T：座りましょう！(Tも座る)
　　　L：(座る)(以下、スクリプトに従って指示を出す)

　TPRの応用編として、瀧沢(2011: 68-69)は、「私は"あまのじゃく"ゲーム」を紹介しています[8]。

　　　Simon saysは、よく行う活動である。いわゆる「命令文ゲーム」である。教師の言われたとおりにする。それを、言われたことと反対のことをする活動にしてしまう。題して、「私は"あまのじゃく"」とする。
　　　最初は、命令ゲームを行う。教師の指示どおりに生徒が動く。その後、
「では、次は、先生が言うことと反対のことをしてください。つまり"あまのじゃく"になります。うまくできるかな？」と言って、Stand up. と言う。
　　　すると、生徒は立たない。そこで、Don't stand up. と言う。ここで、否定の命令が使える。生徒は立つ。
　　　次に、Sit-down. と言う。でも、生徒は座らない。
　　　Jump.　跳ばない。　Walk.　歩かない。　Run.　走らない。
　　　Don't run.　走る。
　　　STOP!!と大きな声で言う。数名、止まる。生徒の負けである。
　　　このように、教師と反対のことをするという形にするだけでも、命令文ゲームの1つの変化技になる。

　この「あまのじゃくゲーム」、日本語教育に応用するとしたら、「立ってください／立たないでください」で行うことになるでしょうか。「立ちます／立ちません」という形で、マス形の肯定形と否定形の聴き分けでも使えそうです。(ただし「STOP!!」のようなひねりは難しそうですが…)
　TPRには、「初級向き」「英語では命令形と辞書形が同じなのでやりやすいが、日本語ではそうではない」といった指摘に加えて、「命令されて行動することに対して、抵抗を覚える学習者が存在する(特に成人の場合)」という批判もあるのですが、筆者(横溝)が実際にTPRを行った経験では、身体を動かしながら

8　瀧沢(2011)『あの先生の授業楽しいヒミツ？―生徒がどんどんノッてくる英語指導の面白アイデア29―(ビギナー教師の英語授業づくり入門⑨)』明治図書

リスニング作業を行っている時には、学習者の表情から、「あ、頭の中がとても積極的に活動しているみたいだな」と思えることが多いです。「学習者の反応」に細心の注意を払いながら、チャレンジしてみるといいでしょう。

column 6

グループ学習と協同学習

　ご自分の授業に「グループ学習」を取り入れている先生も多いのではないでしょうか。練習問題の答え合わせやディスカッション、さまざまな場面でグループ活動が行われているのを目にします。

　同じように複数の学習者で課題に取り組む学習形態に「協同学習」というものがあります。グループ学習と協同学習、どちらも複数の学習者で学ぶという点は共通していますが、厳密には両者は異なります。

　協同学習はしばしばグループ学習と同義として扱われていますが、実際は異なります。なぜならば、協同学習は、グループをどのように活用するかといった教育的な手法の名称ではないからです。このことについて、杉江（2011: 17）は、「協同学習は教育の基本的な考え方を体系的に示す教育理論であり、教育の原理」であると説明しています[1]。つまり、グループ学習は授業でどのようなテクニックを使うかの一つであり、その手法としてグループで話し合う活動などがあるのに対し、協同学習はテクニックではなく、参加者の学びを深めるためにともに学び合うことに力点が置かれているのです。

　協同学習はもともと競争が強調される教育へのアンチテーゼとして生まれてきた歴史的経緯を持ちます。したがって、他者に競り勝つための方法ではなく、他者を生かしつつ自分の理解も深めるといった点が重要視されます。そのため英語でも Cooperative Learning と書き、大原則として、グループには「互恵的な協力関係があること」と「個人の責任が明確であること」が強く求められます。私たちの身近にある「協同」を探してみると、その意味合いがより浮き彫りになるかもしれません。たとえば、大学生活協同組合（大学生協）。大学生協になぜ「協同」が使われているかというと、「組合員が協力し合って物事に取り組む」という意味合いが強いからでしょう。これが「共同」となると、「いっしょに集う感覚」が強くなります。共同キッチンなどが良い例でしょうか。共同キッチンとは、あくまでも皆で使うキッチンであり、そこでの協力関係は重要視されないからです。そのため近年では、共同学習ということばはあまり使われなくなっています。

　さて、どのような要件を満たすものが協同学習と呼べるのでしょうか。この点

1　杉江（2011）『協同学習入門―基本の理解と51の工夫―』ナカニシヤ出版

についてはすでにさまざまな議論[2]が存在します（江利川 2012，上條 2012，杉江 2011，バークレイ他 2009 など）が、筆者らは、バークレイ他（2009: 4）が示唆する次のような柔軟な定義が望ましいと考えます。

> 協同学習とは、二人もしくは三人以上の学生が一緒に活動し、公平に活動を分担し、すべての参加者が意図した学習成果に向かって進むこと

この定義を踏まえると、協同学習とは次の三つの要件を満たすものであると考えられます。

（1）ともに活動すること
　　　グループで活動する際に、ある特定の人だけが話したり作業を進めて、何もしない人（フリーライダーと呼ばれます）が存在してしまう状態は避けなければなりません。「皆で順番に話してください」といった抽象度が高く、自律性に頼った指示はあまり効果がありません。具体的に時間を区切ったりするなどのグループワークの手法を用いるべきです。

（2）意図的な計画があること
　　　日本語の授業でもよく見かけますが、「グループで話し合ってください！」と小グループで話し合いを促す活動があります。重要なことは、なぜその話し合いが必要かということを教師がきちんと理解した上で学習者と共有することです。ただ話して終わり、ではいけないということです。

（3）意味ある学習であること
　　　この学習は達成目標にどのように結びついているのかといった教育的な意味づけについて、教師と学習者とで共有できていることが重要です。言い換えると、わいわいがやがや話し合っても、それが達成すべきゴールの何に関連しているのかを明確にしないと、ただのおしゃべりになってしまうということです。

---

[2] 協同学習と協調学習の違いもある。詳しくは、バークレイ他（2009）『協同学習の技法』ナカニシヤ出版や、杉江（2011）を参考にすると良い。

以上が協同学習を支える三つの要素です。つまり学習者が集まってただ話しているという状態では、協同学習とは呼べないということです。言い換えれば、グループ学習とは「グループで話している」活動全般を指し、協同学習は「複数の学習者が計画された学習デザインのもと助け合って学ぶ活動」と覚えておくと良いかもしれませんね。

アクティブ・ラーニングの視点での授業改善
—ICT で教室を変える—

前章では、既存の授業からどのようにしてアクティブ・ラーニングを引き出す授業へと変えていくかという手法を紹介しました。すでにお気づきかもしれませんが、授業をアクティブなものにしていくには、何よりもまず学習者と向き合うということが重要となります。それは精神的な側面だけでなく、物理的に時間を確保することも含まれると筆者らは考えます。今日の教師はとても忙しくなり、教えるための時間の確保が難しくなってきていることはTALISの調査[1]などを見ても分かります。反転学習を世に広めたサルマン・カーン氏も教室での授業時間の確保が難しくなってきていることを指摘し、TED Talk 2011「ビデオによる教育の再発明」で次のように述べています。

　　従来のやり方では、教師の時間のほとんどは講義をすることであったり、成績を付けることに費やされます。生徒の横にいる時間は5％といったところでしょうか。テクノロジーを使うことで教室をひっくり返すだけでなく、教室をより人間的にできるのです。
　　　　　　　　　　　　　　　　　　　　　　　　　　　（筆者訳）

　ICTを上手に活用すれば、教師の既存の業務負担は間違いなく減ります。それにより学習者と向き合う時間が増えれば、学習者のことをより深く知ることができ、活動やフィードバックがより適切に行えるようになります。加えて、ICTを活用することで既存の授業にはないおもしろさが生まれ、学習者の学習意欲の維持も可能となります。
　本章では、授業をアクティブなものとしていくために、ICTを使った授業・業務実践例を紹介します。その結果として読者の皆さんの授業に変化が生まれること、そして授業を見つめ直すための時間が生まれることを期待しています。

1　TALIS（Teaching and Learning International Survey：国際教員指導環境調査）が2013年に行った労働時間と指導時間の国・地域別比較では、日本の初中等教員は総労働時間に対して「教える時間」が3割以下となっていることが報告されている。http://www.oecd.org/edu/school/TALIS-Teachers-Guide.pdf

A　テクノロジーと教室

　私たちの生活にインターネットが普及して30年あまりが経ちます。今では電子メールやインターネットで何かを調べるという行為は当たり前になっていますが、この動きは教室にも大きな影響を与えてきました。徐々にですが、インターネットを活用した授業形態が日本語の教育現場にも登場してきています。クラスでメーリングリストを作ったり、オンライン掲示板を作ったりして学習者と交流している先生や、教材をオンラインで配布する先生も見かけるようになってきました。テクノロジーに興味がある教師であれば、オンラインに文法説明や宿題などをアップロードして反転学習を組み込んだりという一歩進んだことをされているかもしれません。

　これらのようなICTを活用した日本語授業は、テクノロジー好きな教師や、テクノロジー好きではなくてもそこそこ詳しい教師が独自に行ってきている背景があります。したがって、多くの日本語教師の間で共有されている知識かと問われれば答えはノーということになります。その一方で、急速な技術革新や留学生の急増といった社会の変化に、日本語教師も対応していかなければならないのも事実です。そこで本章では、大きく二つの観点から日本語教師のICT活用を考えます。一つは、学習者とオンラインでつながることで教育効果を向上させる観点です。もう一つは、今行っている仕事をICTの力を借りてスリム化することで業務の効率化を図る観点です。この二つは、授業をより良いものにしていくという点で共通しています。

　本書は、アクティブ・ラーニングがキーワードです。前章ではアクティブ・ラーニングの観点から既存の授業をどのように変えていくかについて見てきました。本章では、視点を変えICTの力を借りて今までの授業をがらりと変えるさまざまな方法について見ていきたいと思います。本書が想定しているこれからの時代の授業形態は、次のようなものです。

　　　オンラインで教材や宿題を配布し（Dropbox、Googleフォーム、YouTube）、ディスカッションもオンラインで事前に行い（lino）教室へと来てもらう。教室ではインタラクティブにやりとりを行うためのさまざまな手法（MOOC、sli.do）を駆使し、フィードバックもオンラインを活用する（YouTube）。教師間の連絡はメールを使わないで簡素化し（slack、Googleスプレッドシー

ト）、日々の業務もできる限り効率化する（oTranscribe）。授業改善のために授業アンケートを定期的に実施し（SurveyMonkey）、休んだ学習者や遠隔地の学習者にはオンラインで授業をする（Zoom）。

　これらすべてを一度に習得することは難しいかもしれません。まずはできるものからご自分の授業に取り入れていくことが望ましいでしょう。そうすることで業務の効率化が図られ、学習者が能動的に考えるようになります。その結果として、教育効果も目に見えて向上していきます。では、一つひとつ見ていきましょう。

B　オンライン学習のさまざまな形態

　インターネットの普及によって活発になってきたオンラインでの学習形態の変遷は、山田（2016）でも詳しく整理されている通り、1990年代のパーソナルコンピューターの普及が一つの分岐点となります[1]。個人へのコンピューターの普及により1990年代に入るとe-learningが登場し、2000年初頭ごろからYouTubeなどを活用した反転学習が出現し、その後、現在へと続くMOOCという新しい形態のオンラインでの学習方法が生まれてきました。今後、留学生の増加が見込まれる状況を考慮すると、オンラインを活用した学習支援およびICTを活用した教師の業務支援というものは必須となってきます。

　本書では、まず今後の日本語教師にとって押さえておくべきオンライン学習にまつわる用語の整理から始めます。その上で、オンラインを活用した学習支援およびICTを活用した教師の業務支援をどのように取り入れることができるのかの実践例を紹介することで、アクティブラーニングの視点からの授業改善を考えていきたいと思います。

e-learningとブレンディッドラーニング

　e-learningということばは、聞いたことがある方も多いのではないでしょうか。「オンラインで学習するものでしょ？」その理解で間違いはありません。それでは、e-learningに似ている「ブレンディッドラーニング」はいかがでしょうか。こちらはあまり聞いたことがないでしょうか。どちらもオンラインを活用して学習することに違いはありません。では、e-learningとブレンディッドラーニングとでは何が違うのでしょうか。

　e-learningとはオンラインで学習することの総称です。広く使われている意味では、オンラインで授業すべてが完結することもあります。つまり学習者が自分で日本語の勉強を始めようと思い立ち、パソコンやスマホを使って自習していくという学習形態もe-learningと言えます。これに対するものがブレンディッドラーニングです。

　ブレンディッドラーニングとは、Blended Learningのことで、文字通り教室と

---

[1]　山田（2016）「日本語教師を取り巻くテクノロジーの変遷」吉岡・本田編『日本語教材研究の視点』くろしお出版、pp.174-194.

オンライン学習を混ぜるという意味です。ただし、オンラインでの学習が組み込まれていればすべてブレンディッドラーニングというわけではありません。ホーン・ステイカー（2017: 47）によると、ブレンディッドラーニングとは次の定義で表すことができると言います[2]。

> ブレンディッドラーニングとは、少なくとも一部がオンライン学習から成り、生徒自身が学習の時間、場所、方法またはペースを管理する正式な教育プログラム

この定義に則ると、学習者が自宅でインターネットを使って文法の用法について調べたり、スマホでひらがなを自習したりして教室にやってくるというのは、授業が体系的にデザインされていないという点で、厳密にはブレンディッドラーニングではないと言えます。では、教師が教室でインターネットを使って動画を見せる活動を授業の一部に組み込むものはブレンディッドラーニングでしょうか。これも実はブレンディッドラーニングではありません。なぜなら、活動の主導権が教師にあるからです。仮に視聴しているビデオで学習者が分からない部分があったとしても、教師は一人ひとりの学習者に対応をすることが難しいため動画をストップできません。これではブレンディッドラーニングとは言えません。このように学習者がオンラインで自分のペースで学習を進められることもブレンディッドラーニングの重要な点です。これらの違いを図にすると次のようになります。

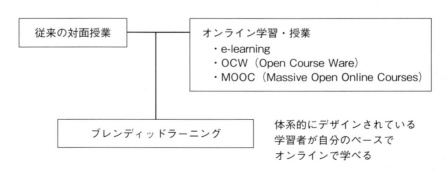

ホーン・ステイカー（2017: 51）をもとに筆者改変

2　ホーン・ステイカー（2017）『ブレンディッド・ラーニングの衝撃』（小松健司訳）教育開発研究所

ブレンディッドラーニングの中には私たちが最近よく耳にする学習形態も含まれます。反転学習ということばを聞いたことはないでしょうか。反転学習も上記のブレンディッドラーニングの中に含まれます。

反転学習

　最近、頻繁に見聞きする「反転学習」とはいったいどのようなものを指すのでしょうか。「授業をひっくり返したものでしょ？」この答えは確かに間違ってはいません。しかし、何をどのタイミングでひっくり返すのかが反転学習では重要となってきます。ここでは、反転学習が登場した理由を踏まえた上で、どのようなものが反転学習に当てはまるのかについて整理していきたいと思います。

　反転学習は、中等教育機関で科学を教えていたバーグマン氏とサムズ氏[3]が2007年に自身らの授業を録画し、授業の前に事前に生徒に自宅で視聴させたものが始まりです。生徒は自宅で授業項目に関する説明を視聴し、対面授業では、理解度のチェックや課題に関するやりとり、個別指導を受けることができ、教師は、説明に当てていた時間を生徒との人間的なやりとりに費やすことができるようになりました。

　彼らが反転学習を行っていたのと同じころにサルマン・カーン氏も同様の試みを行っていました。彼の場合は、遠く離れて暮らす甥っ子に算数を教えるための説明動画をYouTubeにアップロードしたことがきっかけでした。この動画が分かりやすいと評判になり瞬く間に世界中に広まっていきました。ここが反転学習の一つの分岐点と言えるかもしれません。なぜなら、バーグマン氏とサムズ氏、そしてカーン氏が動画を使って何かを説明しようとしたきっかけはテクノロジーの発達なしには実現しえなかったからです。もし仮に、彼らが同じことを思いついたとしても90年代では、インターネットの速度と帯域（送れる量）が十分ではなく断念せざるを得ませんでした。その点において、反転学習というのは、社会のニーズとテクノロジーがタイミング良く融合した産物なのです。

　では、反転学習と呼ばれるためにはどのような要件を満たすべきなのでしょうか。この点について、森・溝上（2017: 11）は、ICTの活用が一つの鍵だと指摘しています[4]。たとえば、「LTD（Learning Through Discussion）：話し合い学習

3　詳細は、バーグマン・サムズ（2014）『反転授業』オデッセイコミュニケーションズ、を参照のこと。
4　森・溝上編（2017）『アクティブラーニング型授業としての反転授業［実践編］』ナカニシヤ出版

法」というものがありますが、この学習方法では、学習者が事前に語彙や用語を確認しつつ授業内容を予習することから、教室内では講義が行われません。つまり講義パートが授業外に置かれていることになります。したがって、LTD 話し合い学習法は反転学習ではないかというという疑問がわき上がります。しかし、溝上は、LTD 話し合い学習法は反転学習ではないと断言しています（森・溝上 2017）。その理由は、開発された経緯が協同学習をより深めるためであったことと、オンライン教材を使っていないからだと指摘しています。この点からも分かるように、反転学習とは、(1) 講義パートが授業外に置かれること、(2) ICT を活用したオンライン教材が用いられていること、の 2 点を満たすことが必須要件だと言えます。

　以上が反転学習の説明です。インターネットを使って授業の説明を学習者に見てきてもらい、教室ではコミュニケーション活動に時間を割ける、というのが反転学習の利点です。反転学習は、自宅のオンライン学習と教室での対面学習が組み合わさって初めて成立するからです。また反転学習から現在では、MOOC（Massive Open Online Courses）といった、10 分ほどのオンライン講義を聞いた後にオンラインの問題に答える学習形態も出てきています。MOOC は、基本的にオンラインだけで授業が完結するので、ブレンディッドラーニングではありませんが、有料でスクーリング（対面授業）が設けられていることもあるので、その場合はブレンディッドラーニングと呼べるでしょう。

　本節では、インターネットを活用した代表的な学習形態について概観しました。重要なことは、ブレンディッドラーニングの定義にもあるように、オンラインでの学習が体系的にデザインされていることであり、教師はオンラインでの活動を組み込む意図をしっかりと理解している必要性があります。すなわち、道具である ICT をなぜ使うのかといった意味を教師がしっかりと把握できていることが望ましいと言えます。もちろんこれは、オンライン学習だけに限ったことではなく、教師が用いるさまざまな ICT にも言えることです。そこで以後のページでは、これからの日本語教師が習得しておかなければならない ICT のリテラシーについて、実際の授業での使用を念頭に置き体系的に紹介していきます。まずは、学習者とオンラインでつながる方法について見ていきましょう。

C オンラインストレージで教材を共有しよう
—Dropbox—

データをオンラインで管理する（オンラインストレージ）ということ自体はそれほど新しい考え方ではありませんが、オンラインでの教材共有はそれほど進んでいません。その理由は、「なんだか大変そう」という思い込みに尽きると思います。Google ドライブ、Dropbox、OneDrive、iCloud…さまざまなオンラインストレージが存在していて、どれを使ったらいいか分からないのでどれも使わないというのが正直な感想だと思います。そこで、本節ではポイントを絞り、「教師がプリントを配布する」、これだけをオンラインでできるようにします。「学習者が宿題をオンラインで提出する」ための詳しいやり方は、ここでは割愛します。「教師が学習者に渡すものをオンラインに置く」、これだけです。

あまたあるオンラインストレージですが、本書では「Dropbox」[1]を使います。理由は、セキュリティの高さと使いやすさです。ここで言う使いやすさとは、自分のパソコンのフォルダがオンラインで共有されているということです。いつも使っている授業フォルダがそのままオンラインにもつながっている状態をイメージすると分かりやすいでしょう。では、Dropbox を使って学習者に配布するプリント置き場を作ってみましょう。

1

Google 検索 → 「Dropbox」。Google のアカウントを使っても良いが、Dropbox 用に新規アカウントを取得するほうが望ましい。詳しくは、本書の「お読みいただく前に 2）操作説明」と「コラム 7　最強のパスワード」（pp.195-196）を参照。

1　Dropbox（ドロップボックス）<https://www.dropbox.com>

2

Googleアカウントでログインすると次の画面となるので、〔許可〕をクリックし、次の画面で〔登録〕をクリックする。

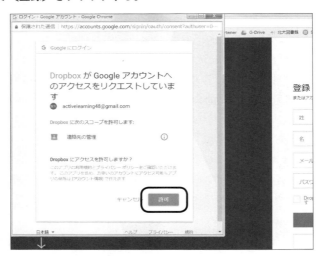

3

無料版では3台のマシン(パソコン、スマホなど)で合計2GBの容量が使える。有料で容量を増やすかを聞かれたら、〔今はいらない〕を選択する。使用するパソコン機種やWebブラウザによっては、「ポートフォリオ」についてなど追加情報を聞かれることがあるが「必要なし」で進んで良い。

4

この画面まで辿り着いたら設定はほぼ完了。

5

この画面で〔Dropbox をダウンロード〕をクリックし、自分のコンピューター内に Dropbox をダウンロードする。これにより普段使っている通常のフォルダのようにオンラインの共有フォルダが使えるようになる。

6

ダウンロードしたものをクリックすると次のような画面となる。〔実行〕をクリックして Dropbox のインストールを完了させる。使用するパソコン機種や Web ブラウザによってはこの画面が表示されないこともあるが問題ない。

インストーラーをクリックすると完了します。

7

インストールが完了すると右の画面が表示されるので〔自分の Dropbox を開く〕をクリック。特に指定しなければ C ドライブ内に Dropbox フォルダが作成される。このフォルダ内に置いたものは、オンライン上の Dropbox にも存在することになる。試しに Dropbox フォルダに Word ファイルを作成してみる。

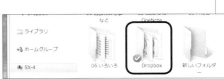

C　オンラインストレージで教材を共有しよう―Dropbox―　｜　**185**

8

正しくファイルが作成されているかを確認する。このフォルダ内に教材を置くようにする。これにより、①ファイルがオンラインにバックアップされる、②自宅外のどのパソコンからでも自分の Dropbox アカウントでファイルの閲覧・編集が可能となる（スマホやタブレットからも可能）、③ファイルの共有が可能となる、などの利点が生まれる。

9

次に学習者とフォルダを共有する設定を行う。Web ブラウザ（Internet Explorer や Google Chrome など）からオンラインの Dropbox を開き、登録したメールアドレスとパスワードでログインする。オンラインの Dropbox は「Dropbox」で検索すると見つかる。ログインすると次の画面となるので、右側にある〔新しいフォルダ〕をクリックして Dropbox 内にフォルダを作成してみる。

10

フォルダを共有する際は、フォルダ名の頭に【共有】と入れておくと後々整理しやすくなる。初期設定では〔あなたのみ〕と表示されている。これは、作成者だけがこのフォルダを閲覧・編集できるという意味。学生がフォルダ内のファイルを削除したりできないようにしたいので、ここではまず〔あなたのみ〕を選択して〔作成〕。

11

フォルダが作成されると次の画面となるので、右側の〔フォルダを共有〕をクリック。次の画面で〔リンクを作成〕をクリック。〔メッセージを追加(オプション)〕欄にフォルダやファイル共有を送る相手へのメッセージを記入する。事前に学生にDropboxのフォルダ(ファイル)の共有をすることを伝えてある場合は空欄のままで問題ない。

12

〔リンクをコピー〕をクリックして表示されるアドレスを学習者に教える。これにより学習者はこのフォルダにアクセスしてファイルのダウンロードができるようになる。

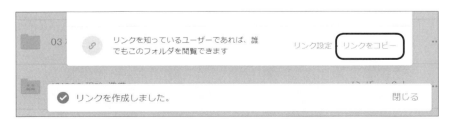

C オンラインストレージで教材を共有しよう—Dropbox— | 187

このフォルダを学期中、学習者と共有しておくことで教材の配布が可能となります。特に、いくつもの学校を掛け持ちで教えている先生は、隙間時間に教材をアップロードしておけば、印刷の手間が省けて便利です。

　この方法は、「教師→学習者」という一方通行の教材配布の方法です。一歩進んだ、「教師↔学習者」の双方向のデータのやりとりを行う場合は、**11** で、学習者のメールアドレスを一つひとつ入力して〔共有〕をクリックすると良いでしょう（下図参照）。これにより Dropbox のフォルダを教師と学習者とで共有している状態になり、学習者もオンラインで宿題を提出したりすることが可能となります。

　なお、学習者のメールアドレスを一人ひとり聞いたり紙に書いてもらったりすると入力に手間がかかるので、授業のガイダンス時に「件名に名前と履修クラスを書いた空メールを先生まで送ってください」と伝えると、メールアドレスのコピー＆ペーストで学習者を Dropbox に招待できるので便利です。

D オンラインでのディスカッションの場を作ろう
—lino—

　文字情報の共有でまっさきに思いつくものはメールでしょうか。学習者との連絡にクラス単位でメーリングリストを使っている先生も見かけます。またはSNS（FacebookやLINEなど）でグループを作り、連絡事項を共有したりといったことも十分に考えられます。もちろんこのやり方でも問題はないのですが、たとえば学習者からの意見をどんどん出してほしい時などは、メーリングリストという媒体は不向きです。理由はインターフェイス（見た目）の堅苦しさです。これは筆者らの経験則によるものですが、昨今の学習者はLINEやTwitter、Instagramといった生活に密着したデジタル媒体に慣れているため、白地に黒文字だけの無機質な電子メールでのコミュニケーションを好みません。学習者のことばを借りると「なんか、おじさんくさいから」だそうです。では、LINEやTwitterで連絡を取れば良いじゃないかという声も聞こえてきそうですが、そうなるとプライベートな側面が強すぎて、教育効果という観点が弱くなります。

　そこで本節では、インターフェイスがポップな「lino」[1]を紹介します。これはもともと筆者らの職場の同僚が授業で学習者とのやりとりに使っているのを見て、これは便利だと思い使い始めたものです。まずはlinoの画面をご覧ください。

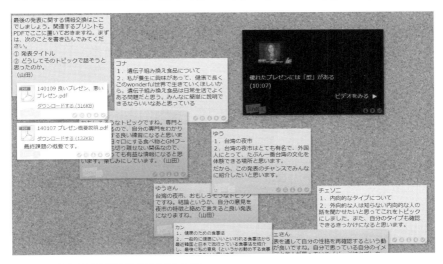

1　lino（リノ）<https://ja.linoit.com>

linoはオンラインのコルクボードのようなサービスです。教師は、このキャンバスに教材や動画、質問等を貼り付け、学習者はそれらへの返答や意見を付箋を使ってぺたぺたと貼っていくイメージです。linoは無機質なメールとは比べものにならないぐらい、温かみ、おもしろみがあるインターフェイスなので、学習者の本音が出やすいです。また、履修している学習者全員が目にすることになるので、自分の書き込みの日本語への注意、他の学習者の発言からの学びが実現します。linoの使い方を見てみましょう。

1

Google検索→「lino」。ユーザー登録後、ログイン画面からログインする。言語は英語、韓国語、中国語に対応している。Twitter、Facebook、Google、Yahoo! JAPANのアカウントを使ってもログイン可能だが、lino用に新規アカウントを取得するほうが望ましい。詳しくは、本書の「お読みいただく前に　2) 操作説明」と「コラム7　最強のパスワード」(pp.195-196) を参照。

2

ログインすると、「マイキャンバス」画面が表示される。ここで自分のキャンバスを管理できる。〔キャンバスをつくる〕をクリックして、新しいキャンバスを作る。

3

「キャンバスの名前」欄に授業名等を入力する。この際に、「2018-02」などと日付を授業名の前に入力しておくと整理しやすい。「キャンバスの使い方」→〔みんなに付箋を貼ってもらう〕にチェックを付ける。これで、学習者がぺたぺたと付箋を貼れるようになる。「詳細」→〔公開キャンバスリストにのせる〕のチェックを外す。〔付箋が貼られたらメールで通知する〕のチェックを付けておくと、学習者が付箋を貼るたびに登録してある教師のメールアドレスに貼り付けた付箋の内容が送られてくるため、学習状況を把握しやすい。最後に〔キャンバスをつくる〕をクリック。

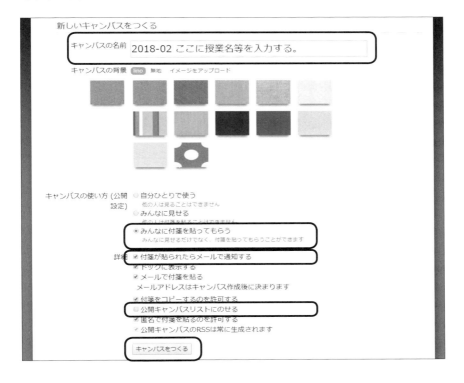

4

これが作成したキャンバスの全体図。

5

右上の4色の付箋の中から好きなものをキャンバスに引っ張り出してみる（ドラッグ＆ドロップ）。次の画面となるので、文字を入力する。文字のサイズや文字色、付箋の色も変更可能。〔付箋を貼る〕をクリックするとキャンバスに付箋が貼られる。

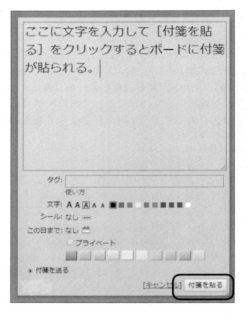

6

貼られた付箋は移動可能。右下の鉛筆マークをクリックすると記入した文字を編集できる。チェックマークをクリックすると付箋をはがすことができる。

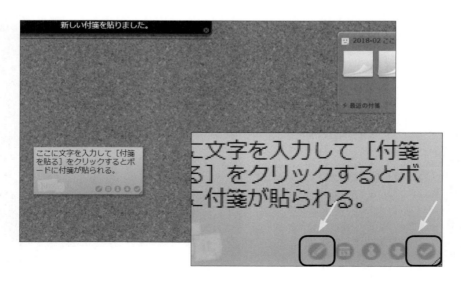

7

付箋と同様に、右上の付箋が並んでいる場所から写真、動画、ファイル（Word、Excel、PowerPoint、PDFファイルなど）を貼り付けることができる。

8

作成したキャンバスのアドレスをコピーする。このままだと長いので、「Bitly」[2]や「urx.nu」[3]などのアドレス短縮サービスでWebアドレスを短縮して、授業初回時に学習者に短縮したアドレスを伝えておけば、学期中のオンラインでの情報共有・意見交換の場として活用できる。

最近の学習者はWebアドレスをQRコードで読み取ることに慣れているので、長いアドレスをQRコードに変換して渡すのも良い（右図参照）。QRコードの作成方法は、Google検索→「QRコード」で出てくるサイトから好きなものを選ぶと良い。

---

2 Bitly <https://bitly.com/>
3 urx.nu <http://urx.nu/>

D オンラインでのディスカッションの場を作ろう―lino― | 193

lino のようなサービスは、Moodle や Blackboard といった LMS（Learning Management System）やオンラインの掲示板でも代替が可能です。しかし、これらと lino が決定的に違うのは、インターフェイスの親しみやすさです。そのためか、学習者も楽しみながら書き込んでいるようです。アウトプットを増やすといった意味でも lino は有効なのです。

　効果的な使い方としては、授業ごとにキャンバスを作成することが考えられます。そして「授業の前日 20 時までに各自確認してください」と学習者と伝えておき、lino に授業資料をアップロードしておけば、教室でプリントを配布する必要がなくなります[4]。授業後は宿題や補足説明などの動画をアップしておけば、手軽に反転学習が実現できます。前節の Dropbox との違いは、lino はコメントを残せるという点です。教材の配布を専用とする場合は Dropbox、課題についてオンラインでディスカッションしたい等の考えがある場合は lino というように使い分けると良いでしょう。

　最後に技術的な補足を。lino に貼り付けられたすべての付箋を自由に動かせるのは、管理者権限を持つキャンバス作成者だけです。つまり、教師が lino のキャンバスを作成した場合、教師は全学生の付箋を動かすことができるが、学習者は自分で貼り付けた付箋しか動かすことができないということです。付箋がごちゃごちゃとなって見にくくなるのを防ぐためにも、教師は適宜、付箋の配置を整理すると良いでしょう。また、グループに応じて付箋の色を事前に決めておくなどの対策も効果的です。

---

[4] 学習者が lino から PDF ファイル等をダウンロードするにはユーザー登録が必要。ユーザー登録は、Facebook、Google、Twitter アカウントでも代用可能。ただしパスワードの使い回しは個人情報の流出リスクの可能性が高まるので、個別にアカウントを作成することが望ましい。次ページのコラム 7 も参照のこと。

column 7

最強のパスワード

　皆さんは自分のパスワード、絶対に破られないと自信を持てますか。
　テクノロジーの発達に伴い、昨今オンラインでの犯罪が急増しています。その中でも特に多いのがパスワードの盗難です。パスワードが盗まれるとどうなるのでしょうか。たとえば、Gmail のパスワードを盗まれると、あなたのメールをすべて見られるだけでなく、なりすましで他人へのメール送信が行われます。スマホのロック画面解除のパスワードを盗まれたら、個人情報が大量に流出します。ちなみに 2017 年に日本国内でネット上で犯罪に遭った人数は 1774 万人、その被害額は 2289 億円にも上るそうです[1]。なぜこんなにも多くの人が被害に遭うのでしょうか。最も考えられる理由は、パスワードが推測しやすいからです。「123456」などの数字の羅列や誕生日、自宅の電話番号などのパスワードはすぐに分かってしまうので、避けるべきです。他方、難しいパスワードを考えると、それを覚えていられないという問題も起きます。
　そこで強固で忘れないパスワードの作り方はどうすれば良いのかについて画期的なアイデアをお教えします。その方法とは、ある単語と Web サイトを繋げるという方法です。実例を見てみましょう。

Amazon のパスワードを作る場合
　（1）好きな単語を決める。この単語は大文字を含む 6 文字以上で、地名などではないものが良い。偶然目にとまったものなどが推測されにくくて良い。ここでは Hamburger とする。たまたま筆者（山田）がハンバーガーを食べていたので。
　（2）好きな数字を決める。電話番号や部屋番号などは避ける。たとえば、数字を 578 とする。
　（3）（1）と（2）を繋げたものを基本パターンとして覚えておく。ここでは、Hamburger578 となる。
　（4）パスワードを入力する Web サイト名を（3）で覚えた単語と数字の間に挟む。つまり HamburgerAmazon578 となる。より強固にするには、Web

---

[1] 天野（2018）「パスワードの使い回しが『横行』―ノートンが警鐘―」『週間アスキー』<http://weekly.ascii.jp/elem/000/000/410/410937/>

サイトの最初の数文字だけ加える（HamburgerAma587）とか、略語を加える（HamburgerAmzn587）などとすると良い。
（5）では JAL の場合は？　正解は、HamburgerJAL587 ですね。

　このように一つの単語と数字を覚えておけば、あらゆる Web サイトのパスワードを一つひとつ覚える必要がなくなります。ちなみに筆者もこの方法で 200 近くある Web サイトのパスワードを頭の中で管理しています。この方法は非常に便利でセキュリティ対策も高まるので、ぜひ試してほしいと思います。

E メールを使わないで授業報告をしよう
―slack―

　今日、電子メール（以下、メール）を使わないで仕事をされている方はほとんどいないのではないでしょうか。いつでもどこでも見られる便利さの一方で、メールが私たちの仕事量を増やしているといった報告[1]もあります。皆さんの職場ではどうでしょうか。チームティーチングで授業を担当している場合、何らかの形で次回の授業担当の先生に引き継ぎをしなくてはいけません。または、上司やコーディネーターに授業報告をする必要があるかもしれません。どれもメールで対応可能なのですが、メールを授業の引き継ぎ・報告に使うのは次の点において弱点があります。

（1）情報検索の難しさ
（2）情報の一覧性の欠如
（3）相手との関係性によって内容を変える手間

　メールは受け取ったらフォルダなどに入れて整理するのが一般的かと思います。ただ、その方法だと、必要な情報がなかなか見つけられないという事態が起こります。これは（2）の情報の一覧性にも関係しています。ぱっと見て、誰が欠席したか、今日の授業で何があったかなどを把握するのは、メールでは実現しにくいです。

　また相手が同僚なのか上司なのかなど、相手との関係性によってメールの書き方は変わるため、送る相手によってはメール作成の時間がいつもより余分にかかってしまいます。そのため本書では、授業の連絡や報告の情報伝達に限っては、メールを使わないことをおススメします。その代わりに「slack」[2]というWebサービスをおススメします。

　slackとは、Searchable Log of All Conversation and Knowledgeの略で、チャットアプリであるLINEのビジネス版のように考えていただくとイメージしやすいかもしれません。2014年にサービスが開始された当初、slackは英語版のみだっ

---

[1] Forbes Japan「電子メールはもう不要？　職場の未来にその姿はあるのか」<https://forbesjapan.com/articles/detail/12624>
[2] slack（スラック）<https://slack.com/intl/ja-jp/>

たこともあり日本ではそれほど浸透していませんでしたが、2017年に日本語版サービスが開始されると瞬く間にビジネス界に浸透していきました。slackとメールを比較した時にslackの強みとなるのが次の点です。

(1) 宛名や挨拶文を書かなくて良い
(2) 自分の投稿を修正できる
(3) スレッドごとに書き込みをまとめられるので話題が分散しない
(4) 書き込みが時系列で確認できる
(5) スマホからでも簡単に確認、返信ができる

slackについてイメージをつかむために、まずは全体画面を見てみます（下図参照：筆者が担当するゼミのslackスペース）。左側上段がチャンネルと呼ばれる部屋のようなものです。その下にあるダイレクトメッセージという部分の下に並んでいるのが参加者一覧で、名前の横の○が緑色だとその参加者はオンライン中だという意味です。右側の画面が書き込み画面で、ここに文字情報、Word、PowerPoint、Excel、PDF、写真、動画などのデータを最大5GBまでアップロードできます。写真の下にある「24件の返信」という部分が、筆者の書き込みに対するコメントで「スレッド」と呼ばれる機能です。その他、スタンプのような絵文字を押す機能もあります。では、自分のワークスペースを作りながらslackの使い方について見ていきましょう。

1

検索→「slack」でアカウントを作る。slackのトップ画面から〔SLACKを始める〕をクリック。自分の名前と任意のパスワードを設定し、次の画面でワークスペースを作る。ワークスペースとは、皆で話し合う場のこと。ワークスペース名は、slackの作業スペースのタイトルになるので覚えやすいものを入力する。

2

参加者を招待する画面となるので、ここにメールアドレスを入力してslackへ招待する。〔完了〕をクリックして進む[3]。

3　ここまでの操作手順はスクリーンショット画面と同じではない場合もあります。その時は、①自分のアカウントを作る、②ワークスペースを作る、③参加者を招待する、の3つを行うようにすれば問題ありません。

E　メールを使わないで授業報告をしよう—slack—　｜　199

3

作成されたワークスペース。左側にあるチャンネルが個別の部屋のようなもの。初期設定では参加者を招待すると #general（最近、新規登録したユーザーの初期設定では everyone となる）に自動的に追加される。ここに投稿していく。新しくチャンネルを作るには、画面左側にある〔チャンネル〕の〔＋〕マークをクリックする。

4

初期設定では〔パブリック〕のチャンネル作成となる。パブリックは参加者全員が検索をすれば見られるもの。参加者を限定したチャンネルを作りたい時は、〔パブリック〕を〔プライベート〕に切り替えて、参加者を招待する。必要な情報を入力したら〔チャンネルを作成する〕をクリック。

5

新たにチャンネルが作成されている。筆者（山田）は、このチャンネルを「文法クラス」、「漢字クラス」、「読み書きクラス」などと分けてチームごとに連絡を取り合うようにして使っている。

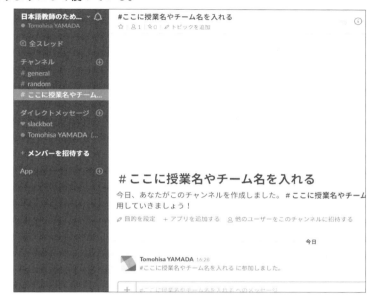

6

投稿された文にカーソルを近づけると〔リアクションをする〕、〔メッセージを共有する〕、〔スレッドを開始する〕などの選択肢が出てくる。〔リアクションをする〕は、絵文字を押せる機能。〔スレッドを開始する〕をクリックして投稿された文にぶら下がる下位項目として投稿をする。投稿した文の修正や削除は〔…〕マークをクリックして出てくる機能から行う。

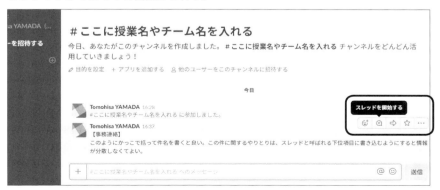

7

実際にスレッドに書き込んでみる。書き込み画面は次の通り。

8

スレッドの書き込みを確認する。〔1件の返信〕とあるのが、スレッドとして書き込まれた文章。〔リアクションする〕をクリックするといろいろな絵文字が使える。

9

絵文字機能はチームで仕事をする時に事前に共通理解を統一しておくと良い。たとえば、書き込みに対してOKであれば、○やオーケーサインを、ストップであれば"！"などのように、事前に統一しておくと誤解がなくなり業務が円滑に進む。

10

ファイル添付を行うには、書き込みセクションの左下にある〔＋〕マークをクリックして、パソコン内のファイルを添付する。

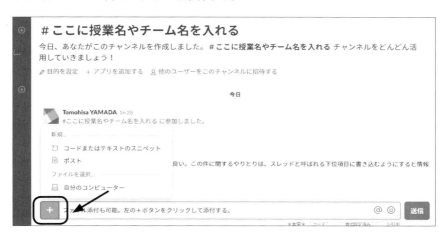

E　メールを使わないで授業報告をしよう―slack―

11

slack の環境設定はワークスペース名の右側にある下向きのマークをクリックして、〔環境設定〕から行う。

12

〔Slack をカスタマイズ〕をクリックして、〔Slackbot〕タブをクリックすると、Slackbot に定型文を覚えさせることができる。次の画面の「メンバーがこう言ったら…」の箇所に参加者が忘れがちなものやよく聞かれることなどを入力しておく。複数入力する場合は、半角のカンマで区切る。その右側の「Slackbot の返信」の箇所に対応する答えを入力して、〔レスポンスを保存する〕をクリック。これにより、参加者が「山田先生、締め切りは？」などと該当する語を投稿すると Slackbot が自動的に「2019 年 3 月だよ！」と答えてくれるので業務量が減って良い。筆者はここに、自分が担当するコースの修了要件や学習者および事務の連絡先など、チームメンバーからよく質問されることを学期開始前に入力している。

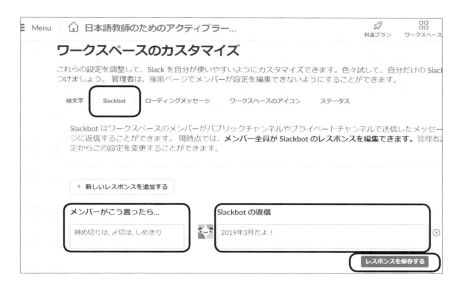

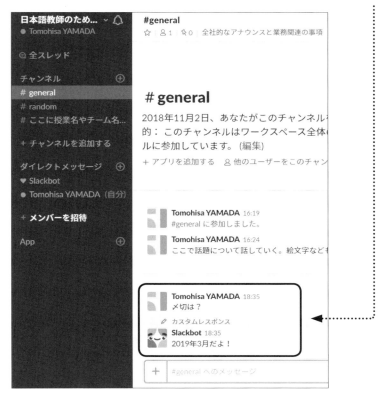

E　メールを使わないで授業報告をしよう―slack―

slackは他にもGoogleカレンダー、Googleドライブ、Dropboxなどとの連携が可能です。この点がLINEと異なりビジネスに特化したツールと呼べる理由です。またslackはスマートフォン（以下、スマホ）でもアプリ（無料）をインストールすればパソコンと同じように使うことができるため、移動中にも仕事をこなすことが可能となります（下図参照）。

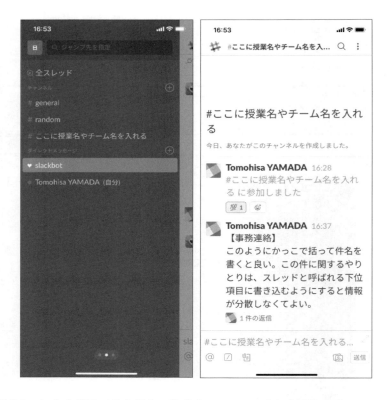

　最後にslackを業務で使う場合の注意点について3点ほど書きます。
　一つ目はオフライン（対面）での関係構築がしっかりとできてからslackを使い始めたほうが良いという点です。slackはスレッドや絵文字機能などがあるため返事が簡素化されます。加えて、メールは仕事であるという意識が働くためか、感情的なことを強く書くことが抑制されますが、slackはプライベートに近いフレンドリーなインターフェイスを持つためか、ついつい本音をそのままの形で送ってしまうことがあります。関係構築ができていれば強めのメッセージでもその背景にある送信者の意図が理解できるのですが、関係構築ができていない状

態だと論争に発展してしまうので注意が必要です。

　もう一つの注意点は、返信のルールを事前に決めておくことです。たとえば筆者らは、提案に対する賛成には○スタンプを、ちょっとストップなどには"！"スタンプをなどと事前に決めて文章を書く手間を省いています。このような合意を事前に取っておくことで「絵文字だけで失礼なやつだ！」などという誤解を防げます。

　最後は、学習者との slack 使用についてです。筆者（山田）は、一時期学習者（留学生）との連絡も slack で行っていましたが、そうするとスマホに慣れているデジタルネイティブ世代ゆえ、教師からの重要な連絡事項にも「OK！」などの絵文字だけで済ますようになり、ことばによるやりとりが生まれなくなりました。今後日本社会で暮らしていくことや学習過程であることを考えると、絵文字（スタンプ）だけで済ますコミュニケーションを教師が率先して促すべきではありません。したがって、学習者とはメールで丁寧なやりとりを行うほうが良いでしょう。

　slack は使い始めるとメールが面倒になるぐらい便利なものです。その一方で、スマホでいつでも確認ができてしまうため、やりとりのスピードがぐんと速まります。このスピードに疲れてしまうこともあるので、送信者・受信者ともに自制をしつつテクノロジーの恩恵を取り入れて自分の時間を確保して、業務効率を上げることが望ましいでしょう。

F オンラインで授業記録を共有しよう
—Google スプレッドシート—

前節 E では、slack を使って同僚の先生らと授業報告を共有する方法について学びました。チームティーチングの場合、slack だけでも事は足りることもありますが、日々のルーティンの授業報告などは決まったフォーマットのものを併用するとさらに効率が高まります。ここでは、「Google スプレッドシート」[1] というオンラインの Excel のようなものを使った授業報告を紹介します。まずはスプレッドシートを使った授業報告画面をご覧ください。

(C) Google

Google スプレッドシートは複数人が同時に編集できるシートです。書いたそばからデータが保存されていく方式で、このサイトを担当する教師で共有することで、大幅な労力の軽減が可能となります。では、スプレッドシートの作成から共有の方法までを見ていきましょう[2]。

---

1 Google スプレッドシート <https://www.google.com/intl/ja_jp/sheets/about/>
Google および Google ロゴは GoogleLLC の登録商標であり、同社の許可を得て使用しています。
2 Google スプレッドシートを使うには Google アカウントが必要。Gmail を使っている場合は、すでに Google アカウントを持っているので新たに作る必要はない。持っていない場合は、「Google アカウント作成」と検索して作成する。

1

Google 検索→「Google スプレッドシート」。画面中央の〔Google スプレッドシートを使う〕をクリック。ログイン画面で Google アカウントを入力してログインする。

(C) Google

2

この画面がスタート画面。左上の〔＋〕をクリックして作成を開始する。

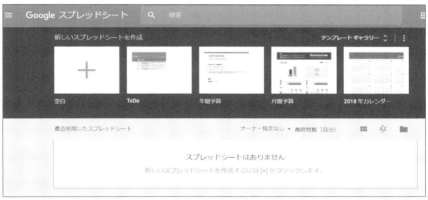

(C) Google

3

後はマイクロソフトの Excel と同じように文字を入力していく。初期設定のままだとセル内の文字列が折り返されずに読みにくいので、左上の角（1の上、Aの左）をクリックしてシート全体を選択した上で（全体が選択できているとセルが薄い青色になる）、〔表示形式〕から〔テキストの折り返し〕→〔折り返す〕をクリックする。これで記入した文字がセル内で自動的に折り返されるようになる。ここまでできれば授業報告のシートは完成。次は他の先生との共有の手順。

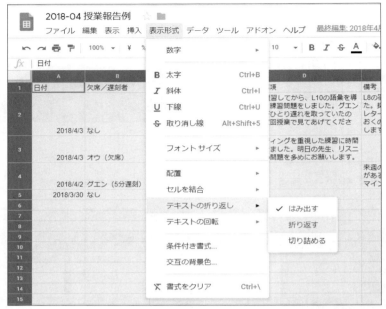

(C) Google

4

画面右上の〔共有〕をクリック。名前を付ける画面が出てくるので、授業名等を付ける。この際に、2018-04などとファイルの頭に日付を入れておくと後々整理しやすい。名前を付けたら〔保存〕をクリック。

(C) Google

5

共有の方法は二つある。一つは担当する先生のメールアドレスを直接入力して招待する方法。こちらはセキュリティ度が高い。もう一つはスプレッドシートのアドレスを知っている人であれば誰でもアクセスできる方法。もちろんセキュリティ度は下がる。

6

まずはセキュリティ度が高い共有方法から。画面中央の〔名前かメールアドレスを入力〕欄に担当する先生方のメールアドレスを入力していく。この欄の右の鉛筆のようなマークをクリックすると〔編集者〕、〔コメント可〕、〔閲覧者〕の三つが選択できるようになる。〔編集者〕は文字通りすべての編集が可能となる権限で、〔閲覧者〕は編集はできないが、閲覧はできる権限。〔コメント可〕は、ファイル閲覧はできるがファイル修正はできない権限。ファイルへのコメントのみできる。チームメンバーから最終ファイルについてのコメントを受け付ける場合などに使うと良い。これにより、誰かが誤ってファイルを編集してしまうことを防げる。

チームティーチングで用いるため、ここでは〔編集者〕を選択する。メールアドレスを追加すると次の画面となるので、〔送信〕をクリック。共有相手が Google アカウントを持っていない場合は次の画面となるので、〔招待状を送信〕にチェックを付けて〔送信〕。

(C) Google

(C) Google

F　オンラインで授業記録を共有しよう―Google スプレッドシート―　｜　211

7

正しく共有ができていれば、ファイルを共有している人数が次の画面のように表示される。

(C) Google

8

もう一つの共有方法は次の通り。6 の画面右上の〔共有可能なリンクを取得〕をクリックするとアドレスが表示される。初期設定では、〔リンクを知っている全員が閲覧可〕なので、〔リンクを知っている全員が編集可〕にして〔リンクをコピー〕をクリック。コピーしたアドレスを担当する先生方に電子メールで送信する。〔完了〕→〔送信〕の順にクリック。次の画面で、6 のように共有を申請する相手が Google アカウントを持っているかどうかを聞かれることがある。ここでは、リンク先を知っている人であれば誰でもアクセス可能としたいので、〔リンクを送信（ログイン不要）〕にチェックを付けて〔送信〕。

(C) Google

以上がGoogleスプレッドシートの作成と共有の手順です。Googleスプレッドシートは、オンラインで情報を手軽に共有できる反面、学習者の個人情報の流出といったような万が一の事故もつきまといます。防衛策としては、(1) 学習者の名前をOさん、Nさんのようにイニシャルで記入して個人が特定されないようにすることと、(2) テストの点数などを入力しないことの徹底が考えられます。

　最後にGoogleスプレッドシートの誤操作対応について記しておきます。スプレッドシートは、「上書き保存作業」という概念がありません。なぜなら文字を入力した瞬間に自動で保存されるからです。そのため、誰かが間違って他の先生が書いたものを消してしまうという事故がよく起きます。誤ってデータを消してしまったり、上書きしてしまった場合は慌てないで、画面上部にある〔変更内容をすべてドライブに保存しました〕をクリックしてください。

(C) Google

　画面右側に〔変更履歴〕が現れます。これが編集作業の履歴で、〔詳細な版を表示〕をクリックすると、さらに細かい履歴が表示されます。

　戻したい版を表示させて、左上の〔この版を復元〕をクリックすると、目的のデータを復元することができます。

(C) Google

(C) Google

　ただし、この復元方法では、戻したい版から最新の版までの途中の作業がすべて消えてしまうという点に注意してください。対応策としては、前のバージョンにある途中までのデータをオンラインのパソコン上にコピーするようにすれば良いでしょう。

G オンライン練習問題を作ろう①
―Google フォーム［基礎編］―

　本章の冒頭（pp.181-182）で、授業の反転化の理論的側面については概観しました。では、どうやって現在の授業を反転化するのが望ましいのでしょうか。反転学習がキーワードの書籍を見てみると、反転学習の授業デザインや教育効果について記述したものは多く見かけますが、それらは高等教育機関などで設備が整っていることが前提となっています。たとえば、筆者が勤務する大学ではオープンエデュケーションセンターという MOOC のための反転学習教材の作成を支援してくれる機関があります。ここへ自分の教材を持っていき、講義を録画し、編集してもらうと反転学習教材ができあがります。また、ある程度 ICT の知識がある方は、カムタジア[1]などの動画キャプチャーソフトを使って自分一人で授業を録画することもできます。ただし、これらはあくまでも MOOC の影響を強く受けているため、教師の講義などといった一方向的な説明を録画するという点に重きが置かれる傾向があります。山田（2016）が指摘するように、インターアクションの重要性から考えると MOOC と日本語教育の親和性はそれほど高くありません。となると、日本語教育の教室で親和性の高い反転学習教材は何かという問題が残ります。これに対する回答は、次の 3 点に集約されるでしょう。

（1）インターアクションを促すための支援となるもの
（2）低予算で、かつ自分一人で作れるもの
（3）教師の負担を減らしてくれるもの

　では、どうやって上記を満たす反転学習教材を作れば良いのでしょうか。筆者らは、「Google フォーム」[2]の活用を強く勧めています。Google フォームは、主にアンケートの回答を Web 上で集めることに使われることが多いですが、これを練習問題や事前に視聴してきてほしい動画等で使うと効果的です。まずは練習問題の作り方から見ていきましょう。

1　Camtasia <https://www.techsmith.co.jp/camtasia.html>
　　反転学習の動画作成に用いられる代表的な動画キャプチャーソフトの一つ。自分のパソコンで PowerPoint ファイルを開きながら話し、それを録画・編集できる。
2　Google フォーム <https://www.google.com/intl/ja_jp/forms/about/>
　　Google および Google ロゴは GoogleLLC の登録商標であり、同社の許可を得て使用しています。

1

Google 検索→Google フォーム。〔Google フォームを使う〕をクリック。前節 F の Google スプレッドシートのようなスタート画面が出るので、〔＋〕をクリックして作成を開始する。

(C) Google

2

最上段空欄にタイトルを入力する。課の名前や問題の指示などを書いても良い。次いで、右上の歯車のようなマークをクリック、〔メールアドレスを収集する〕にチェックを入れて〔保存〕。これにより学習者が回答時にメールアドレスの入力を求められるようになる。どの学習者がいつ回答したかを教師が把握できるし、メールアドレスに返信する形で個別にフィードバックを返すことも可能となるため、〔メールアドレスを収集する〕は必須[3]。

(C) Google

---

3 Google フォームの画面で「解答」と「回答」が併用されていますが操作には影響ありません。

3

問題を作る。覚えておきたい基本操作は、記述式、ラジオボタン、チェックボックスの三つ。

(C) Google

4

ラジオボタンを使って漢字の読み方の練習問題を作ってみる。問題として扱う漢字を入力後（ここでは「大学」）、読み方の候補を入力していく。たとえば、「だいがく」と入力し、〔Enter〕を押し、「たいがく」などと入力していく。正解は一つのみとする。

(C) Google

5

同じように問題を追加していく。右側の〔＋〕マークをクリックすると、新規で質問が追加できる。

(C) Google

6

Google フォームは、作成した問題を自動で採点してくれる機能を搭載している。この機能を活用すると Google フォームが、正解、不正解をチェックして点数を自動で集計してくれる。設定は右上の歯車マークから行う。

(C) Google

7

〔テスト〕タブ画面で、〔テストにする〕をチェックし、回答者が表示できる項目の〔正解〕のみを外す。これにより、学習者が間違えた解答を選んでも正解がどれかが表示されなくなる。

(C) Google

8

解答を編集する。〔解答集を作成〕をクリック。

(C) Google

9

正しい答えを選び、右上の点数を任意で設定する。

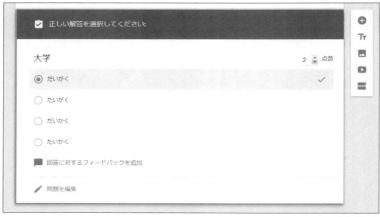

(C) Google

10

学習者の答えに対してフィードバックを表示することもできる。**9** の画面で〔回答に対するフィードバックを追加〕をクリック。不正解の場合と正解の場合、両方のフィードバックを入力できる。

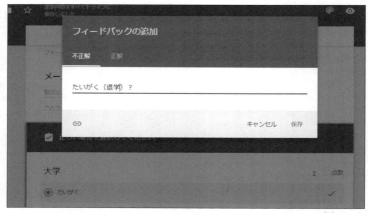

(C) Google

11

画面右上の目のようなマークをクリックし、プレビュー画面で実際の問題画面をチェックする。学習者が実際に目にするのはこの画面。

(C) Google

12

実際に **11** の画面で答えを選択して〔送信〕をクリックすると、次の画面のように正否が学習者に表示される。フィードバックを入力している場合はこの画面にフィードバックが表示される。

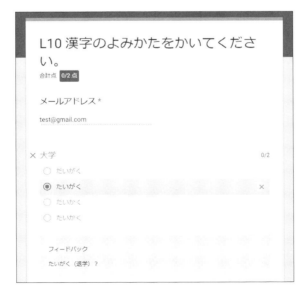

(C) Google

G オンライン練習問題を作ろう①—Google フォーム［基礎編］— | 221

13

問題作成が終わったら、作成画面右上の〔送信〕をクリック。〔フォームを送信〕画面で、クリップのような形をクリック。リンクのアドレスが表示されるので、〔URL を短縮〕にチェックを入れて、〔コピー〕をクリック。このアドレスを前節 D で紹介した lino に貼り付けるなどして学習者に教えるようにする。メールで送っても問題ない。

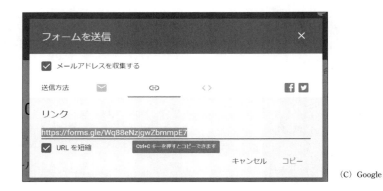

(C) Google

14

学習者には解答結果とフィードバックが次の画面のように表示されるので、全問正解するまで取り組むように指示すると良い。

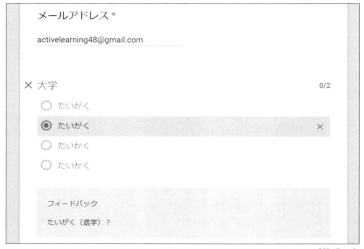

(C) Google

15

解答結果は上段の〔回答〕をクリックすると見られる。誰がいつ解答したかがメールアドレスから把握できる。複数回解答した学習者のメールアドレスの横には（1）、（2）のように数字が付く。正否の傾向も瞬時に把握できるので、クラス全体で再度扱うべき項目かどうかの判断をここですると良い。

(C) Google

このようにGoogleフォームを使うとオンラインでの練習問題を簡単に作ることができます。授業開始前のクイズや宿題をオンラインに置いておき、授業ではコミュニケーションを重要視した活動に時間を割くようにすると授業がよりインタラクティブになっていきます。何より採点の時間が節約でき、学習者の学習記録が残るため、最初は作成が億劫でも課ごとにオンライン練習問題を作成しておくことを強くおススメします。

H オンライン練習問題を作ろう②
─Google フォーム［動画編］─

　前節 G では、Google フォームを使って簡単な練習問題を作る方法を学びました。ここでは、一歩進んだ応用編として、動画を使った練習問題を作ってみましょう。次の Google フォームをご覧ください。

(C) Google

　これは動画を見て問いに答える形式のものです。このような形式の問題は、リスニング力の向上、ディクテーション、内容理解等の確認に有効です。作り方を見てみましょう。

1

前節 G の **1** ～ **3** で学んだように、スタート画面から〔+〕をクリックして新たな Google フォーム作成画面を開く。右側の欄から▷の〔動画を追加〕をクリックする。前節 G の **2** と同様に、メールアドレスを収集する設定としておくことも忘れないようにする（pp.216-217 参照）。

(C) Google

2

動画検索画面が表示されるのでここに使用したい動画のキーワードを入力し、適当な動画を見つける。ただし、著作権を考慮するとYouTubeのWebサイトから直接動画を探すほうが望ましい。YouTubeのWebサイトで著作権フリーの動画を探してみる。

(C) Google

3

YouTubeのWebサイトで動画を探す際に画面左上にある〔フィルタ〕をクリックし、〔特徴〕の中にある〔クリエイティブ・コモンズ〕[1]をクリックすると著作権に抵触しない動画のみが絞り込まれて表示される。絞り込まれた動画の中から授業で使えそうな動画を選ぶ。動画を視聴しながら、どの部分が問題として使えるかを考える。ポイントは動画を見ながら紙に「男の人は何と言っていますか（〜分〜秒）」などとメモをしておくこと。これが問題作成にそのまま使えるので時間短縮になる。使用する動画を決めたらアドレスをコピーする。

(C) Google

---

1 クリエイティブ・コモンズとは、クリエイティブ・コモンズ・ライセンス（CCライセンス）を提供している国際的非営利組織とその推進活動の総称。CCライセンスを付与するインターネット時代の著作権ルールで、作品を公開する作者がどの段階まで2次使用可能かを示すことができる。授業で使う動画や画像はCCライセンスを取得しているものを使うと良い。

4

〔URL〕をクリックし、YouTube の Web サイトで見つけた動画のアドレスを貼り付ける。〔選択〕をクリックすると問題作成画面に戻る。

(C) Google

5

動画のタイトル欄に「次の動画を見て問題に答えてください。①〜⑤まですべて正解するまで答えてください。」などと指示を入力する。もちろん英語などの外国語で指示を書いても問題ない。

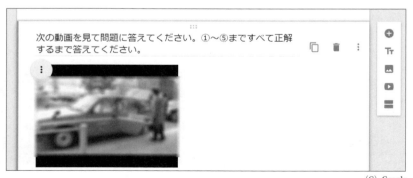

(C) Google

6

前節 G で学んだ方法で練習問題を作っていく。

(C) Google

7

回答項目に画像を挿入することも可能。文字を入力して〔画像を追加〕をクリックして画像を挿入すれば、画像による語彙の導入となり効果的。

(C) Google

　この方法はお手軽ですが立派な反転学習です。動画練習問題を教科書に合わせて作っておけば授業で動画を見せる時間が節約できますし、何より授業で扱う項目の理解度が高まります。これからの日本語教師にはぜひとも習得してほしいICT スキルの一つです。

I　オンライン動画を日本語の授業に活用しよう
―JMOOC―

　オンラインにはたくさんの動画サイトが存在しています。有名なものでは YouTube。皆さんもご覧になったことがあるのではないでしょうか。最近では TED も語学学習に使われ始めているようです。YouTube、TED、ここまでは聞いたことがある方が多いかもしれません。では、MOOC（ムーク）ということばは聞いたことがあるでしょうか。MOOC とは、Massive Open Online Courses の略で大規模公開オンライン講義と訳されるように、オンラインで世界の名門大学の授業を受けることができるサービスです[1]。MOOC はオンラインで講義を受け、問題を解くということで前述の反転学習の一つと考えられますが、講師が「大多数のユーザーに向けて講義をする」ということから、インターアクションが必須の語学学習とはあまり親和性が高くありません。その一方、MOOC で提供されている講義はコンテンツはもとより、アカデミックな日本語を学ぶためには非常に有用だと考えられます。ここでは MOOC と日本語教育の可能性について考えた上で、MOOC を使った反転学習の作り方を提案します。

　MOOC は基本的に大学が講義を公開するため大学ごとに運営されています。しかし、JMOOC というサイト[2]は 2013 年に日本の産学連携によって「学びによる個人の価値を社会全体の共有価値へ拡大する MOOC」という目標を掲げて創設されました。そのため「学校に入学する」や、「お金を払って通信講座を受ける」[3]といった概念ではなく、いつでも誰でも登録さえすれば講義を受講することができるオンライン講義である点が特徴的です。では、JMOOC を日本語教育でどのように活用すれば良いのでしょうか。いっしょに見ていきましょう。

　JMOOC を日本語教育に用いることの利点について、まずはリスニング力および語彙力の向上が挙げられます。JMOOC は、通常のオンライン講義動画と異なり、講師が話している内容が並行してスクリプト化されて表示されます（下図参照）。学習者は、スクリプトを見ながら話を聞くことにより、漢字の読みの確認や発音が学べます。もしも講師の話のスピードが速いと感じる場合は学習者が自分で再生スピードを調節できます。

1　詳細は、山田（2016）を参照のこと。
2　JMOOC（ジェイムーク）<https://www.jmooc.jp/>
3　対面でのスクーリングや履修証明書発行などは有料であることが多い。

　では、JMOOCをどのように学習者に見せると効果的なのでしょうか。JMOOCを用いて教育効果を高めるには、まず教師が学習者のニーズを把握することから始まります。たとえば、大学進学を希望する学生で工学系を希望している学生が多いクラスでは、工学に関連する入門コースを選択します。進学希望ではないクラスでは、「囲碁の上達法」や「高校生のためのデータサイエンス入門」といったような一般向けのものを選ぶと良いでしょう。教材に設定するコースを選んだら、まずは教師がコースを受講することをおススメします。その上で、【字幕をダウンロード】から.txt形式を選び字幕をダウンロードして学習者に学ばせたい語彙や文法を聴きとらせる教材を作ることが望ましいです[4]。簡単なものでは、「2:23で講師が言っていることは何ですか」などでも可能です。具体的な使い方は次の通りです。

1

Google 検索→「gacco」。gacco は JMOOC が認定している四つの講義配信プラットフォームのうちの一つ。JMOOC は四つの講座配信をまとめる役割を担っていると考えると良い。右上の〔会員登録（無料）〕をクリック。次の画面で必要な情報を登録してアカウントを作成する。Facebook、Google、d アカウントの ID を使っても登録が可能だが、JMOOC 用の新規アカウント取得が望ましい。

4　著作権の縛りで字幕をダウンロードできないものもある。

2

Google の ID を使って登録すると次の画面となるので、必要な情報追加して〔アカウントを作成する〕をクリックする。

3

ログインに成功すると次の画面となるので、「《全会員向け》gacco スタートアップガイド」を見て MOOC のイメージをつかむと良い。右上の〔講座を探す〕をクリックして開講している講座を探す。

4

受講できる講座一覧が表示されるので、これらの中から授業で活用できそうな講座を選ぶ。「開講中」と表示されているものは現在開講されている講座。「募集中」と表示がある講座はこれから開講される講座。gacco だけでなく JMOOC で配信される講座は 3 ヵ月ぐらいで入れ替わることが多い。ここでは、「戦争倫理学」を選んで登録してみる。当該講座の〔講座詳細を見る〕をクリック。

5

〔受講登録する(無料)〕をクリックする。

6

最初の画面に登録した講義が追加されているので〔講座画面へ〕をクリックする。講義受講を取りやめる場合は、歯車のようなマークをクリックして〔受講取消し〕をクリックする。

7

〔学習する〕→〔第一週〕→〔戦争倫理学を学ぶにあたって〕をクリック。講義画面が表れるので視聴して、教材作成を考える。

　今後ますます動画を使った教育は社会に浸透していきます。社会に後れを取らないために MOOC を取り入れるという考えではなく、教室の外と動画を通じてつながるという観点で活用してみるのも良いかもしれません。または、自分の授業を MOOC のようにオンラインにアップロードしていくというスキルもこれからの教師には必要になってくるはずです。動画をオンラインにアップロードする方法は次の YouTube の節で見ていきましょう。

J 発表をオンラインで共有しよう
―発表動画を YouTube に―

　デジタルネイティブ世代の昨今の学習者は、スマホですべてを完結する傾向があります。博報堂が 2017 年に発表したデータによると、アジア 14 都市の若年層（15 〜 34 歳）のスマホ保持率はほぼ 90％後半で、最低値のムンバイでも 75％という結果が報告されています[1]。つまり、この世代の学習者はパソコンで作業をすることができなくても、スマホを使いこなせないということはないことを意味しています。それゆえ、教師も時代に合った方法で学習を支援したほうがいいのです。断言しますが、学習者に動画を渡す際は、絶対に YouTube 経由にすべきです。このスキルは皆さんが想像するよりはるかに簡単なので、ぜひマスターしてください。では、学習者の発表を YouTube にアップしてみましょう。

1
学習者の発表をデジカメで撮る。最近のデジカメはフルハイビジョン画質で録画できるが、そこまで高画質である必要はない。試しに自分で話している様子を録画してみて、どの画質が良いかを決めると良い。

2
学習者の発表動画をパソコンに取り込む。筆者らは SD カードで取り込んでいる。この方法が最も簡単である。SD カード対応ではないデジカメやパソコンでは USB ケーブルで取り込んでも問題ない。

3
YouTube を開き、右上の〔ログイン〕から Google アカウントでログインする[2]。上段のカメラマークをクリックして〔動画をアップロード〕をクリックする。

1　Global Habit（2017）「アジア 14 都市生活者のスマートフォンの保有と e コマースの利用」
　　<http://www.hakuhodo.co.jp/uploads/2017/03/20170314GH_2.pdf>
2　YouTube（ユーチューブ）<https://www.youtube.com/?gl=JP&hl=ja>
　　YouTube は Google の子会社なので Google アカウントでログインできる。

4

もしもユーザー登録画面が表示されたら、名前を確認して〔チャンネルを作成〕をクリックして進む。

5

次の画面の中央にあるドロップダウンから〔限定公開〕を選択する。限定公開とはアドレスを知っている人だけが動画を見られるという意味。教師と学習者だけが動画を見られれば良いので限定公開で良い。

6

5 の画面にある〔アップロードするファイルを選択〕をクリックして、アップロードする動画を選択する。

J 発表をオンラインで共有しよう―発表動画を YouTube に―

7

正常にアップロードが始まると次の画面となる。次の動画をアップロードする場合は、右下の〔＋他の動画を追加〕をクリックして追加していく。

8

動画のアップロードが終わったら〔完了〕をクリック。次の画面となるので、動画の URL アドレスをコピーして Word などに貼り付けて整理しておくと良い。

9

念のためアドレスを Web ブラウザに貼り付けて、動画が正しく再生されるかどうかを確認すると良い。

10

動画の管理は YouTube ホーム画面の右上にある人の形のアイコンをクリックして〔YouTube Studio（ベータ版）〕をクリック[3]。〔動画〕をクリックするとアップロードした動画一覧が見られる。右側に視聴回数も表示されるので、URL アドレスを受け取った学習者が自分の動画を何回見たかも分かる。

---

3 今後この機能表示は変更される可能性が高い。変更となっている場合は、「YouTube　アップロード動画　管理」などと検索して探すと良い。

11

動画を削除する場合は、削除したい動画の〔オプション〕から〔削除〕を選ぶ。

以上が発表動画の YouTube へのアップロードのやり方です。これはパソコンを使った方法ですが、スマホを使ってアップロードすることも可能です（やり方は、「YouTube　動画アップロード　スマホ」などと検索してみてください）。このように動画を YouTube にアップロードしておき、学習者の発表動画 URL アドレスを一人ひとりに教えておくと良いです（学生が 10 人いたら、10 人に個別に URL アドレスを送る）。本節冒頭でも触れましたが、最近の学習者はスマホに慣れ親しんでいます。そのためスマホで見られるようにスピーチなどを YouTube にアップロードしておくと授業前に見てくる確率がぐんと上がります。また、YouTube は動画が何回視聴されたかの視聴回数を表示してくれます。つまり URL アドレスを受け取った学習者が、きちんと自分の動画を見てきたかどうかが一目瞭然で分かるということです。動画を見ていない学習者は、自分だけが宿題をやっていないとすぐに分かるので、きちんと動画を見てくるようになります。

　簡単な課題を出すなら、「自分の発表動画を見て、文法や発音の間違いを五つ書き出してきてください」などとすると良いでしょう。この際に、間違いをすべて見つけてきてくださいとするとハードルがぐんと上がるので、「五つ、間違いを」などと明確な数値を示すと良いでしょう。このような形で発表のふり返りを促すと自分の学習を自分でふり返るメタ的な学習活動の深化につながります。また YouTube アドレスを lino（→ p.189）に貼り付ければ、クラス全員でスピーチ内容に関してのオンラインディスカッションも（内容そのものだけではなく文法的側面も）可能となります。

　ただし、動画の扱いには細心の注意を払うようにしてください。昨今、個人情報の流出が問題になることが多いです。そのため、学習者の発表動画のアドレスは不特定多数に教えないようにしつつ授業が終わったら YouTube から即座に削除するなどの対応が必要です。

　最後に、学習者の声を紹介します。「自分の発表がいつも見ている YouTube で見られるなんてかっこいい！」。ICT の力で学習者の自律を促しましょう。

K 反転学習教材の作り方
―授業動画を YouTube に―

　前にも述べましたが（pp.181-182）、反転学習を行う際に重要となるものの一つに講義部分をオンライン上に置くというものがあります。おそらく多くの教師はこの時点で「自分には無理！」と思ってしまうかもしれません。実際、ガイドなしでいきなり取り組むとなかなか敷居が高いものです。そこで本節では、今まで学んだことの応用編として、作業を大きく三つに分けた反転学習教材の作り方について学びます。具体的なステップは次の三つです。

(1) 自分の授業をデジカメで録画する
(2) 録画した動画を YouTube にアップロードする
(3) アップロードした動画を Google フォームに組み込み練習問題を作る

　上記の(2)(3)はすでに学びましたね。そこでまずは(1)の自分の授業をデジカメで録画するところから始めて、(2)と(3)についてもおさらいしてみましょう。

1

教室で自分の授業を録画する。一人で行うと現実感が乏しくなるので実際の授業を録画するのが良い。この際に、教師とホワイトボードが録画画面に収まるように注意する。一番良い方法は他の先生に録画を協力してもらい、板書時はデジカメのズーム機能で拡大してもらうなどすると良い。また録画する動画は 10 分単位で録画停止、録画開始を繰り返すと良い。理由は、長時間の動画を見せるのは学習者の飽きを誘発することと、YouTube へのアップロードは、初期設定では 15 分のため。設定変更で 15 分以上の動画もアップロード可能。

2

動画をパソコンに取り込む。パソコン内のどこに置いても問題はないが、動画フォルダを作って整理しておくと便利。このフォルダ内に Word で動画アドレス一覧を作成し、アップロードした動画を「L1：挨拶文（https://youtu.be/R3hzT7ysk3）」などのように記入しておくと後々便利。

3

YouTube を開き、前節 J で学んだように動画をアップロードする。動画のアップロードが終了したら動画のアドレスをコピーする。Google フォームを開き、前節 H で学んだ手順に従ってアップロードした動画を貼り付け、〔選択〕をクリック。

　後は、前節 H で学んだ通りに練習問題を作っていけば反転学習の完成です。内容はできれば文法説明などの事実確認を問うものが良いでしょう。たとえば、「四つの選択肢のうち、『～と』が使えないものはどれですか」などと動画の説明に基づいて回答できるものが望ましいです。もしくは、自分で調べて答えが分かるものです。どんな問題にせよ反転学習においては事実の確認に終始するのが鉄則です。他方、反転学習であまり良くない問題は、学習者の意見を問うものです。たとえば、「先生が条件の文法について説明しています。説明を聞いて難しいところはどこでしたか」などのように意見が拡大しそうなものは、オンラインではなく教室で扱うようにすると良いでしょう。

column 8

学習者のふり返りを支援するには？（その1）

アクティブ・ラーニングを引き出す授業を行う際に、授業の最後に「ふり返り（reflection、省察）」の時間が設けられることがほとんどです。そのふり返りの時間で学習者は、その日に学んだ内容の確認を行ったり、その日の授業の感想を書いたりします。ふり返り作業に従事することで、学習者は授業内容に対する理解を深め、次回の課題に気づくことができます。しかしながら、どの学習者も自らの学びをしっかりとふり返ることができるというわけではなく、その能力には大きな個人差が存在しています。うまくふり返りができない学習者には、その手助けとしての「足場かけ（scaffolding）」が必要です。足場かけの方法としては、（1）リフレクション・ペーパーの活用、（2）教師からの問いかけ、等があります。

小林（2015）は、リフレクション・ペーパーの中に、「態度目標（授業中の活動に、どのくらい積極的に参加できたか）」と「内容目標（授業の目標をどのくらい達成できたか）」を入れることを推奨しています[1]。「態度目標」は授業への参加の仕方ですので、毎回の授業で同じ内容を使用しますが、「内容目標」は、毎回の授業内容によって異なるものになります。下図は、筆者（横溝）が日本語教育方法論 I の授業で使用しているリフレクション・ペーパーです。

このようなリフレクション・ペーパーに記入することで、学習者は自分自身の態度目標・内容目標の達成度を確認し、その日の授業での学びをふり返ることができます。

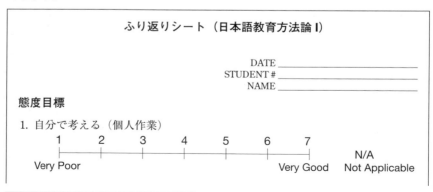

---

1 小林（2015）『アクティブ・ラーニング入門―会話形式でわかる『学び合い』活用術―』産業能率大学出版部

2. 与えられた課題をしっかりやる（個人／ペア／グループ作業）

```
   1      2      3      4      5      6      7
   ├──────┼──────┼──────┼──────┼──────┼──────┤      N/A
Very Poor                              Very Good   Not Applicable
```

3. 自分の考えを伝える（ペア／グループ作業）

```
   1      2      3      4      5      6      7
   ├──────┼──────┼──────┼──────┼──────┼──────┤      N/A
Very Poor                              Very Good   Not Applicable
```

4. 他の人の話を聞く（ペア／グループ作業）

```
   1      2      3      4      5      6      7
   ├──────┼──────┼──────┼──────┼──────┼──────┤      N/A
Very Poor                              Very Good   Not Applicable
```

5. 他の人たちの話に基づき、自分の考えを再考する（個人作業）

```
   1      2      3      4      5      6      7
   ├──────┼──────┼──────┼──────┼──────┼──────┤      N/A
Very Poor                              Very Good   Not Applicable
```

6. 授業中の学びをまとめる（個人作業）

```
   1      2      3      4      5      6      7
   ├──────┼──────┼──────┼──────┼──────┼──────┤      N/A
Very Poor                              Very Good   Not Applicable
```

コメント

内容目標

授業の目標：＿＿＿＿＿＿＿＿＿＿＿＿＿＿＿＿＿＿＿＿＿＿＿＿＿＿

1. 今日の授業の内容目標達成度は？

```
   1      2      3      4      5      6      7
   ├──────┼──────┼──────┼──────┼──────┼──────┤
Very Poor                              Very Good
```

理由

授業の感想

L　発表の文字起こしの負担を減らそう
　―oTranscribe―

　以前、日本語教師の先生方に「日常業務で最も時間を取られる作業は何ですか」と聞いたことがあります。その時に上位に挙げられたものの一つに「学生発表の文字起こし」があります。そのためか「文字起こしをICTの力でなんとかできませんか？」という要望をよく受けます。筆者もGoogle TranslateやDragon Dictationのような音声認識ソフトを使って学習者の発表の文字起こしを試してみましたが、数十秒ぐらいから文字の認識が怪しくなり、1分ぐらい経つとソフトが動かなくなってしまったりしました。残念ながら本書執筆時では、話し手が一方的に話す速度と同じスピードで文字に変換していくことはまだ実現できていないようです[1]。そうなると、結局は自分で文字起こしをするしかありません。ただ、その作業の負担を減らすことはできます。本節では、学習者の発表の文字起こしを手伝ってくれるWebサービス「oTranscribe」[2]を紹介します。oTranscribeを使うと、次のことができます。

(1) 学習者の発表を見ながら文字起こしができる（動画を見て、Wordに戻って、という行ったり来たりの作業がなくなる）。
(2) 再生速度を任意のスピードに変えられる。
(3) タイムスタンプ機能を使って時刻を入力できる。

　では、実際にどのように使うのかを、デジカメで撮った学習者の発表動画を例に説明します。

1

Google 検索→「oTranscribe」。左上の地球マークから言語選択が可能。ここでは日本語を選択。画面中央にある〔文字起こしを始める〕をクリック。

1　音声入力に定評があるNuance社のソフト『ドラゴンスピーチ』などを使えば、ある程度の入力は可能。ただし、安いものでも15,000円程度。<https://www.dragonspeechstore.jp/>
2　oTranscribe（オートランスクライブ）<http://otranscribe.com/>

2

動画だけでなく音声のみのインタビューファイルも取り込める。ここではデジカメで撮った学習者の発表動画をパソコンから取り込んでみる。〔音声(動画)ファイルを開く〕をクリック。使用するパソコン機種や Web ブラウザによっては入力画面の説明表示が英語となることもあるが操作には問題はない。

3

動画の形式によっては読み込めないことがある[3]。アップロードできないファイル形式の動画は、前節Jを参照して動画をいったんYouTubeにアップロードすると良い。一見面倒な作業に思えるが学習者と動画を共有することもできるので後々便利。YouTubeへの動画アップロードの方法を用いる場合は、〔or YouTube video〕をクリックして、YouTubeにアップロードした動画のアドレスを貼り付ける。

4

正しく動画がアップロードされると画面左上に小さく動画が表示されるので、この動画を見ながら、「文字起こしはここに入力してください」という箇所に文字を入力していく。再生速度が速い場合は、上段の〔再生速度〕というタブにマウスカーソルを持っていくと速度を調節するスライドバーが現れるので、このスライドバーを動かして速度を調節する。右に動かすと速度が速くなり、左に動かすと遅くなる。文字を入力しながら、一時停止するには、キーボードの〔Esc〕を押す[4]。再生するにはもう一度〔Esc〕を押す。これを繰り返しながら入力していく。

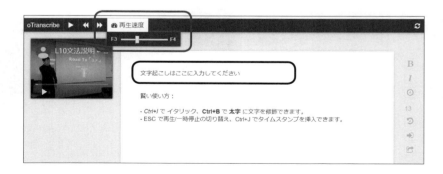

---

3 現在、oTranscribeで開ける動画ファイル形式は、mp4、ogg、webm形式のもの。

4 キーボード設定を自分の好みに応じて変えることも可能。上段にある歯車のようなマークをクリックすると、どの機能にどのキーボードを割り振るかを設定できる。筆者は、再生／一時停止に〔Esc〕ではなく〔スペースキー〕を設定している。

5

oTrancribe の便利な機能にタイムスタンプ機能がある。これは学習者の発表の時刻を記録できる機能で、キーボードの〔Ctrl〕と〔J〕を同時に押すと【04:22】というように時刻が記録される。この機能を使い、学習者が間違えた箇所などにタイムスタンプを記録しておくと、フィードバックを返す際に「〜分〜秒の箇所はこのように言ったほうがいいですよ」などと指導できる。さらに、「×ききてください」、「○きいてください」のように入力作業中に訂正箇所を入力していくと、フィードバック時の材料となる。また「×ききてください→？」などとしておいて、学習者に正解を考えさせるのも授業がアクティブになるので試してみると良い。

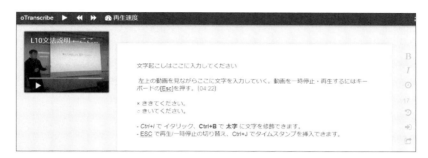

6

文字起こしが終わったら、入力画面右側にある〔エクスポート〕をクリック。Google アカウントを入力するポップアップ画面が表示されるが、この画面を閉じて、〔Plain text (.txt)〕をクリック。パソコン内に文字起こししたテキストファイルがダウンロードされる。これを Word に貼り付けて修正をすると良い。または、入力画面で入力した文字を直接 Word にコピー＆ペーストしても良い。

oTranscribeは全自動で文字起こしをしてくれるわけではありません。「なーんだ、結局は人間が入力しなければならないのか」とがっかりされた方もいらっしゃるかもしれません。けれど、たとえ全自動で文字起こしをしてくれる機械があっても学習者に適切なフィードバックを返すには結局は教師が学習者の発表全体を把握し、どのような箇所に着目してフィードバックを返すかを考えなくてはいけません。その点を考えると、oTranscribeはテクノロジーがヒトの作業を助けるという本来のICTのあり方に基づいており、教師の作業時間を大幅に軽減し、より深いフィードバックを返すことに寄与してくれることは間違いありません。

M インタラクティブなコミュニケーションを促進しよう
―sli.do―

本書は学習者の能動的な関わりを促すことを一つの主目的として書かれていますが、ICTを使って授業をよりインタラクティブにできる可能性を秘めているWebサービスに「sli.do」[1]があります。sli.doは大学などのアクティブ・ラーニングで用いられる「クリッカー」[2]によく似ていますが、クリッカーよりも安価に簡単な操作で使用できることが特徴です。教師と学習者のコミュニケーションをよりインタラクティブにしてくれるsli.doについて見ていきましょう。sli.doを使ってできることは次の三つです。

(1) 投票（Polls → Multiple choice）
(2) コメントを書く（Polls → Open text poll）
(3) 教師（講師）に質問する（QUESTIONS）

これらについて学習者が自分のスマホで選択、コメント記入をすると教師のパソコン上で投票結果やコメント一覧が見られるというものです（下図参照）。

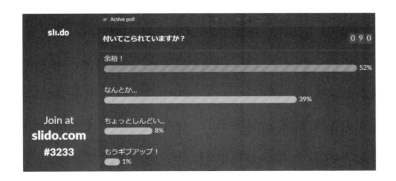

投票（PollsのMultiple choice）の例

---

1 sli.do（スライドゥー）<https://www.sli.do/>
2 聴衆が手元にある機器でボタンを押すと結果が集計されて画面に映し出されるオーディオレスポンスシステムの一つ。クイズ番組などで「正解は何番でしょうか、お手元のボタンを押してお答えください」のような場面で用いられるのを想像すると良い。

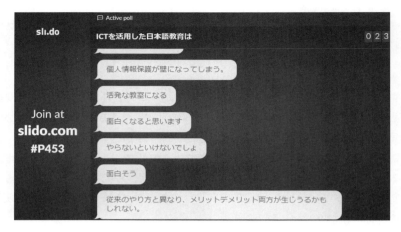

投票（Polls の Open text poll）の例

以下、目的別の方法を紹介します。

A. 学習者に選択肢から答えを選んでもらいたい（Multiple choices）

1

Google 検索→「slido」（大文字・小文字関係なし。ピリオド不要）。右上の〔SIGN UP〕からユーザー登録をする。

2

ユーザー登録後、ログインするとウェルカムメッセージが表示される。画面中央の〔Create event〕をクリック。この event が授業単位だと考えると良い。ポップアップ画面の〔Event name〕に授業名を入力する。開始時期（Start date）と終了時期（End date）は、初期設定では 3 日間となっているが最長 1 週間まで設定できる。授業開始日にあわせて任意に設定すると良い。

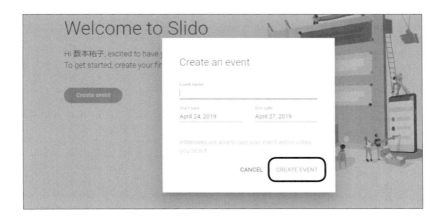

3

Event code が表示される。ここでは「5265」。学習者にはこの数字を教える必要があるためメモしておく。上段の〔Polls〕をクリックする。

4

〔Create poll〕で、投票の選択肢が表示される。4択問題を作りたいので〔Multiple choice〕をクリック。

M インタラクティブなコミュニケーションを促進しよう—sli.do—

5

質問項目を入力し、選択肢も記入する。汎用性を高めるには、1番、2番、3番などとしておいて、教室のホワイトボードに1番：〜、2番：〜、3番：〜と書くと良い。〔Save〕をクリック。

6

作成した質問の▷マークにカーソルを近づけると下図のような使い方メッセージが初回のみ表示されるので〔GOT IT〕をクリック。この後も、初回のみ、使い方メッセージが出てくるので都度〔GOT IT〕をクリックして進む。

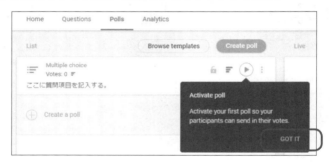

7

質問項目を使えるように（アクティブに）すると、下の画面のように赤いマーク（□）が点灯し、右側に質問項目と回答が表示される。右上にある 000 という表示は回答数。回答がまだされていない状態なのでここでの表示は 000 となっている。

252 ｜ 第5章 アクティブ・ラーニングの視点での授業改善 —ICT で教室を変える—

8

学習者に投票してもらう。学習者に、「スマホで slido と検索してください。Event code は 5265 です」と説明する。Event code を入力すると学習者のスマホの画面では右図のように表示されるので投票してもらう。

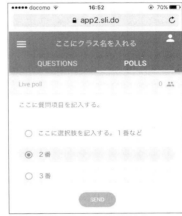

9

学習者が投票すると教師のパソコン上の管理画面では次のように表示される。

10

投票結果をクラス全体で共有する場合は、右上の〔Switch to Present view〕をクリックし、〔Display in fullscreen〕をクリックする。

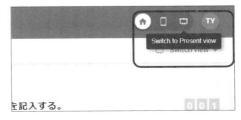

M インタラクティブなコミュニケーションを促進しよう―sli.do―

11
投票結果がスクリーン全体に表示される。もとの画面に戻るにはキーボードの〔Esc〕。

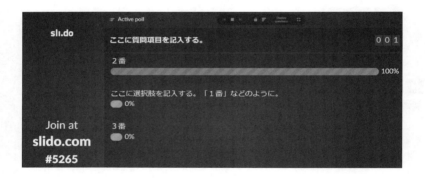

　この Multiple choice は、文法問題などの正解を大人数のクラスで問う場合や意見を聞く場合などに向いています。実際に授業中に学習者に回答してもらうと瞬時に結果が集計され、クラス全体の傾向が把握できるので、ここから学習者への質問や授業展開を考えていくことができます。たとえば、「4番を選んだ人はいませんが、どうして4番は間違いだと思いましたか？」や「2番と3番の人が多いですが、正しいのはどちらだと思いますか？」などの展開が可能となります。
　次は意見を自由記述で書いてもらう場合の方法を見てみましょう。

B. 学習者のコメントを共有したい（**Open text**）

1

前項 A の **4** の説明と同様に、四つの中から〔Open text〕を選択する。

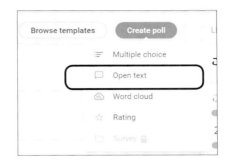

2

質問項目を記入して〔Save〕をクリック。

3

選択肢問題の下に自由記述形式の問題が作成されている。ただし、この質問項目は学習者には見えていない。sli.do は一度に一つの質問項目しか表示できないため、この画面では先に作った選択肢問題が表示されていることになる（赤い□マーク）。新たに作った質問項目にマウスカーソルを持っていくと〔Activate poll〕と表示されるので、緑色の再生マークのようなボタン（▷）をクリックする。これで新たに作成した質問項目が表示される。

M　インタラクティブなコミュニケーションを促進しよう—sli.do—

4

パソコンで質問項目を切り替えると学習者のスマホの画面でも質問項目が切り替わる。筆者（山田）は、授業中に自分のスマホからこの質問項目の切り替えを行っている。これによりパソコンの画面にかじりつくことなく学習者と話しながらインタラクティブに授業を進められる。

5

選択肢の時と同様に画面を全体表示にすると学習者が書いたコメントが表示される。

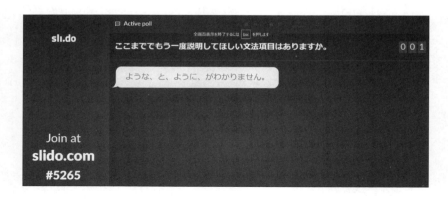

C. 学習者からの質問を受け付ける（QUESTIONS）

1

学習者から質問を受ける場合は、「質問があったらスマホの QUESTIONS から送ってください。名前も書いてください」と指示を与える。学習者のスマホの画面では次のように表示される。ちなみに、どの POLLS が稼働していても、学習者は QUESTIONS からはいつでも質問を送信できるので、疑問に思ったことを教師に即座に送信できる。文字数は 160 文字まで。

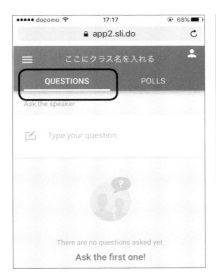

2

教師のパソコン上で〔Questions〕をクリックすると、学習者からの質問は次のように表示される。

以上がクリッカー代わりに sli.do を使う方法です。ここまでお読みになり、「学習者に手を挙げてもらえばいいじゃないか」と思われた方もいるかもしれません。まったくその通りで、筆者らも無理をしてまで ICT を使う必要はないと強く思っています。では、なぜ sli.do のようなものを使うことが能動的な学習を促すのでしょうか。それには二つの理由が考えられます。

　一つは、意見は持っているがそれをなかなか発言できない学習者の意見を聞けるということです。たとえば、教師が学習者に対して「この問題はどれが正解だと思いますか？」と聞いた時に、いつも決まった学習者が答えてしまうという光景を目にしたことはないでしょうか。または、教師が、この問題はこの学習者に答えてもらいたいなという気持ちが無意識に働き、特定の学習者に発言の機会が偏るということも考えられます。これではクラス全体に問う意味がありません。学習者が答える機会を均等にし、意見の内容だけで判断するためにも sli.do は役立ちます。具体的なやり方としては、「Open text poll」で意見を書いてもらい、その中から取り上げたい意見をピックアップして、「このコメントは誰が書いたのかな？　もう少し詳しく教えてくれないかな」などとクラスに振ります。するとシャイな学習者が「私です」とおずおずと手を挙げ、自分の意見を話してくれたりします。この方法は、授業進度が思うように進まなかったりもしますが、クラス全体が参加できるという大きな利点があります。

　sli.do を使う二つ目の利点は、学習者の自律を促す助けになるということです。ICT を使う理由は、学習者を本来の姿に戻す、つまり ICT を橋渡しとして、挙手して自由に話したりできるようにすることだと筆者らは考えています。スマホ世代の学習者からテクノロジーを取り上げるのではなく、上手に活用して、最終的にはテクノロジーがなくても（教室内外で）生きていけるように支援することが大切です。つまり、sli.do を使うことで、いつもは挙手しない学習者にも機会が回ってきて、発言を繰り返しているうちに自由に発言できるようになっていくお手伝いができるのです。ICT を使って人間味のある授業をつくる醍醐味ですね。

N オンラインアンケートを作ろう
—SurveyMonkey—

学習者に対して授業アンケートを行う先生も多いのではないでしょうか。学期開始前のニーズ分析、学期終了時の授業評価アンケート。これらは学習者の生の声を拾うことができて、授業改善につながる貴重な情報源です。他方、紙で実施した場合、集計作業に膨大な時間がかかることも事実です。大学などのある程度大きい教育機関であればマークシート形式の紙を使い教務課などが集計してくれますが、多くの日本語学校ではこのようにはいきません。そこでオンラインサーベイの出番です。オンラインサーベイとは読んで字のごとく、サーベイ（調査）をオンラインで行う Web サービスです。有名なものでは、Google フォーム[1]や SurveyMonkey などがあります。ここでは使いやすさと集計結果の見やすさという点から、「SurveyMonkey」[2] を用いてオンラインでアンケートを作ってみます。

1

Google 検索→「SurveyMonkey」。[無料登録] をクリックし、ユーザー登録をする。Google や Facebook のアカウントでもログインできるが、SurveyMoneky 用の新規アカウント取得が望ましい。無料版と有料版の違いは、回答者数と設定できる質問数。無料版では、100 回答まで、かつ設定できる質問項目数は 10 まで。

---

1 Google フォームと SurveyMonkey の大きな違いは回答結果の出力形式。前者が Excel ファイルに変換（エクスポート）できるのに対して、SurveyMonkey のベーシックプラン（無料版）では、回答結果のエクスポートができない。その代わり、SurveyMonkey は棒グラフを使った非常に見やすいインターフェイスで回答結果を表示してくれるので、回答者の傾向を把握する点に長けている。用途に応じて使い分けると良い。

2 SurveyMonkey（サーベイモンキー）<https://jp.surveymonkey.com/>
　Name: SurveyMonkey Inc. / Location: San Mateo, California, USA / Main Website: www.surveymonkey.com
　SurveyMonkey の商標（SurveyMonkey、People Powered Data™、およびそれらのマークのロゴバージョンなど）は、SurveyMonkey Inc. およびその関連会社の米国およびその他の国における所有物です。

2

ユーザー登録が完了したら、ウェルカムメッセージとともに画面中央に〔アンケートを作成〕ボタンが表示されるのでクリック。下図の画面でアンケートに名前を付ける。ここでは、「2018-03 Active Learning」とし〔アンケートを作成〕をクリック。アンケートのカテゴリーは〔教育〕にしておくと良い。2回目以降のアンケート作成時は、〔最初から自分で作る〕と〔既存のアンケートコピー〕の二つの選択肢が表示されるようになる。

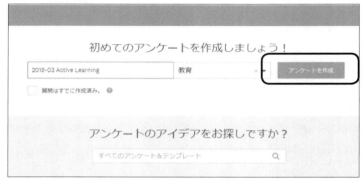

3

アンケート作成画面から〔新しい質問〕をクリック。次のアンケート作成画面で、Q1の欄に質問内容を記入し、〔複数選択肢〕をクリックして回答形式を選ぶ。学習者へのアンケートで有効なものは5段階で評価する〔星による評価〕。もちろんチェックボックスを選んでも良いが、この方法だと「よく聞こえた」、「まあまあ聞こえた」などの文言の解釈に個人差が生じやすいので、★での評価のほうが学習者の本音が反映されやすい。星の数や色、スケールを設定して〔保存〕をクリック。

4

アンケートの質問項目を追加で作成するには、**3** の画面で追加していく。すべての質問項目の作成が終わったら学習者にアンケートサイトの場所を教えるためのアドレスを取得する。画面上段の〔回答の収集〕をクリック。次の画面で、〔Webリンクの取得〕をクリックして作成したアンケートサイトの Web リンクアドレスを確認する。

5

次のようにアンケートの Web リンクアドレスが表示される。このアドレスをコピーして Web ブラウザに貼り付けてアンケートが正しく表示されるかどうかを確認する。動作に問題がなければ、Web リンクアドレスを学習者に配布して回答してもらう。画面左下にある〔QR コードをダウンロード〕して学習者に渡すと学習者はスマホで QR コードを読み取り回答できるので時間と手間が短縮できる。QRコードがおススメ。

6

回答結果を確認するには〔集計結果の分析〕をクリック。回答が集計されてグラフで表示される（下図参照）。ちなみに初期設定だと学習者から回答があると登録してあるメールアドレスに回答結果が逐一送られる。

7

アンケートの回答締め切り日などの設定は、**5** の〔カスタマイズ〕→〔詳細オプションを表示〕をクリックして表示される項目から行う。

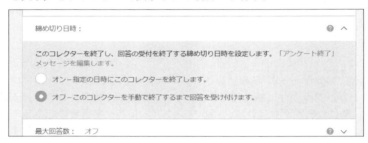

8

作成したアンケートの編集は、トップ画面の〔マイアンケート〕から出てくるアンケート一覧から編集したいアンケートをクリックして、〔アンケートを作成〕をクリックする。次いで、編集したい質問項目にマウスカーソルを近づけて該当項目の右上に表れる〔編集〕から行う。〔マイアンケート〕からはアンケートの管理・削除も行える。

このようなオンラインアンケートは一見するととても敷居が高いように見えますが、一度作ってみるとその便利さに感心するはずです。何より、紙でアンケートを行うと紙の無駄となるだけでなく、集計にも膨大な時間がかかります。その労力をオンラインアンケートの作成を通じたICTリテラシーの勉強に費やすと思えば、未来への投資にもなります。ぜひ活用してみてください。

　最後にちょっとしたTIPSを。オンラインアンケートが紙のアンケートに敵わない点が一つだけあります。それは回収率です。「授業終了後、各自自宅でオンラインアンケートに答えてください」と指示すると、間違いなく回収率は下がります。そこで授業終了時に教室で学習者のスマホからオンラインアンケートに答えてもらうことをおススメします。これにより回収率の低下を防ぐことができ、集計の煩わしさからも解放されます。

O オンラインでリアルタイムに授業をしよう
―Zoom―

　オンラインを活用する学習の利点として時間と場所に縛られないということが挙げられます。本章で見てきたさまざまなテクニックやスキルは、今後ますます必要となってきます。さらに一歩踏み込んで、今後の日本語授業の教室がどのように変化していくかを考えてみると、教師と学習者が異なる場所にいながらオンラインで授業が運営されていく状況が増えていくことが予想されます。これはなぜかと言うと、学習者のニーズ変化に技術発達が追いついてきたからです。たとえば「文字や文法項目の学習は必要ないから、秋葉原で買い物をするためのフレーズだけをロンドン在住のまま5回ぐらいのレッスンで教えてほしい」などのニーズを持っている学習者は少なくありません。すなわち、文法積み上げ式ではない遠隔地からの個別ニーズの増加です。一昔前だと、このようなニーズに対応することは、教師にとって技術的に難解なものでしたが、現在では、技術発達に加え、教師が空き時間に自宅で授業を実施できる利点もあるため非常に増えてきています[1]。

　オンラインでのレッスンは、長い間、Skype（スカイプ）が主流でしたが、昨今は、「Zoom」[2]というオンライン会議システムが爆発的にシェアを伸ばしてきています。Skypeは、もともとの発想が電話なので、ユーザー同士が、お互いのIDを交換して、一対一で話すことに長けています。一方、Zoomは、オンラインで会議やセミナーを行うために開発された経緯を持つため、教師と複数の学習者が同時に話すことが簡単にできます。何より、Zoomを使って会議を開きたいと思った人が参加者に会議のWebアドレスを送り、参加者は送られてきたリンクをクリックするだけでオンラインで話せる手軽さも普及に一躍買っています。ここではZoomを使って次のことができるようになることをめざします。

1　オンラインレッスンで有名なものには、英会話レッスンだと老舗のレアジョブやDMM英会話などがある。日本語では、アルクオンライン日本語スクールなどが有名。

2　Zoom（ズーム）<https://zoom.us/>
　　Zoomには無料で使用できるBasicプランと有料のPro、Business、Enterpriseプランがある。有料版と無料版の違いは、3人以上の使用に40分までの時間制限があることと録画したものをクラウドに置けないことの2点のみ。参加人数などに違いはないので、無料版でも100名まで同時につながることが可能。Zoomに関しては、田原（2017）が詳しい。

(1) Zoomの初期設定をしてオンラインでの授業日を設定する。
(2) 学習者とオンラインで話し、授業を録画する。
(3) PowerPointファイルなどの教材を画面共有する。
(4) 複数の学習者とZoomで話す。
(5) 録画した授業を確認する。

1. Zoomの初期設定をしてオンラインでの授業日を設定する

Zoomを使うには、パソコン、マイク、ウェブカメラが必要です。ノートパソコンであれば、すべて備わっていることが多いです。

1

Google検索→「Zoom」。メールアドレスを入力して〔サインアップは無料です〕をクリック。登録したメールアドレスに「Zoomアカウントの有効化」というメールが届くので、本文中にある〔アクティブなアカウント〕をクリック。「Zoomへようこそ」画面で、氏名と任意のパスワードを登録する。

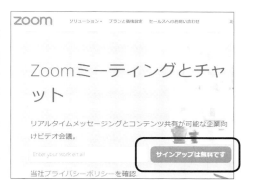

2

「仲間を増やしましょう。」という表示が出るが、ここは〔手順をスキップする〕をクリックして進む。

O オンラインでリアルタイムに授業をしよう―Zoom―

3

「テストミーティングを開始。」画面の〔テストミーティングを今すぐ開始〕をクリック。Zoom のソフトがダウンロードされる。ダウンロードされたソフトをクリック。

4

Zoom が起動する。〔コンピューターでオーディオに参加〕をクリック。これはパソコンのマイクとカメラを使って Zoom を使用するという意味。〔ミーティングへの参加時に、自動的にオーディオに参加〕にチェックをつけておくと以後この画面が表示されなくなる。

5

Zoom クラウドミーティング画面で、〔サインイン〕をクリック。次の画面で登録したメールアドレスとパスワードでサインインする。Google アカウント、Facebook アカウントでもサインインできる。

6

初回使用時は次の画面となるので〔スケジュール〕をクリックして、オンライン授業の日時を設定する。

7

ここでは「4月30日、22:00」に設定。「ビデオ」の箇所は、ホスト、参加者ともに〔オン〕にチェックを付ける。これでお互い顔が見えるビデオ機能で話せる。「オーディオ」の箇所は、〔コンピューターオーディオ〕にチェック。Google カレンダーを使用している人は、〔Google カレンダー〕にチェックを入れて〔スケジュール〕をクリックすると Google カレンダーに授業日時が自動的に記入される。

O オンラインでリアルタイムに授業をしよう―Zoom―　|　267

8

Google カレンダーを使うと Google カレンダーからアクセス許可画面が出ることがある。使用する Google アカウントを選択して〔許可〕をクリック。その後、Google カレンダーへのミーティング日時登録の設定画面が出てくる。日時を Google カレンダーに登録する場合は、〔保存〕をクリックする。

9

画面が Google カレンダーになっているので、画面下から Zoom をクリック。次の Zoom の画面で、〔本日行われるミィーティング（1）〕をクリック。

10

〔招待をコピー〕をクリック。Zoom のミーティングアドレスと案内文がコピーされるので、メールソフトや LINE などにそのまま貼り付けて学習者に送信する。下図は LINE から学習者にミーティングアドレスを送信した図。

O　オンラインでリアルタイムに授業をしよう―Zoom―

2. 学習者とオンラインで話し、授業を録画する

1

授業時間の5分前になったら、先に作成した Zoom ミーティングのアドレス（ここでは https://zoom.us/j/811558804）をクリックして、Zoom 上で学習者を待つ。Zoom の画面に自分が映っていたら Zoom ミーティングは正常に機能している。もしもマイクマークやカメラマークに赤色で斜め線が表示されていたらパソコンのカメラとマイクがオフになっているという意味なので、斜め線が入っているものをクリックして正常に機能するようにする。

2

学習者が Zoom 上でオンラインになると、画面に学習者が表示される。学習者の下にある〔招待〕は、追加で新たな学習者を招待する機能。〔参加者の管理〕は誰が参加しているかを確認する機能。〔参加者の管理〕をクリックするとオンラインになっている学習者リストが右に表示される。ここでは教師と学習者の 2 人で会話している状態。ちなみにこの学習者はスマホで Zoom に参加。スマホで Zoom を利用するにはアプリ（無料）のダウンロードが必要。

3

〔画面の共有〕は自分のパソコン内の PowerPoint、Word、PDF ファイルや Web 画面などを学習者と共有できる。〔チャット〕は文字通りテキストチャット。〔レコーディング〕は画面でのやりとりを録画してくれる機能。授業を始める時は、学習者に許可を得た上で、〔レコーディング〕ボタンをクリックしてから授業を始めると良い。録画中は右上に〔レコーディングしています〕と参加者全員の画面に表示される。学習者がレコーディング機能を使う方法については後述。

3. PowerPoint ファイルなどの教材を画面共有する

1

〔画面の共有〕をクリック。現在、自分のパソコンで開いているファイル一覧とホワイトボードが共有可能なものとして表示される。ここでは PowerPoint ファイルを開いてプレゼンテーション画面を見ながら授業を進めてみる。

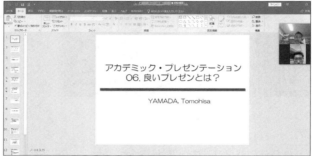

2

画面共有をすると学習側のスマホには次のように表示される。教師が右下に小さく表示され、教材が大きく表示されている。

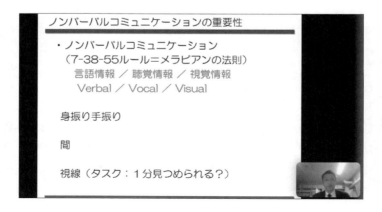

3

画面にマウスで直接書き込める機能もある。下の画像の1枚目は学習者のスマホを横にした状態の画面。この画面に学習者が書き込みをすると、教師のパソコン画面上も書き込みが表示される（2枚目の画像）。

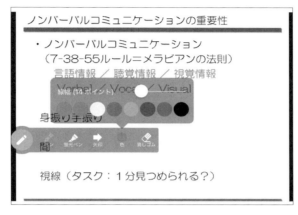

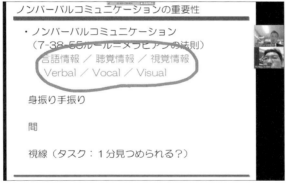

4

ホワイトボードを共有すると手書きで書ける画面に切り替わる。学習者側のスマホからでも書き込める（次の右の画像）。画面の共有を停止するには、画面上部に表示されている〔共有の停止〕をクリックする。

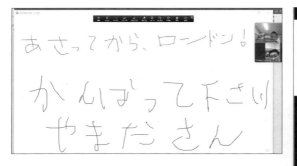

4. 複数の学習者と Zoom で話す

1

学習者を追加するには、〔招待〕をクリックして表示される次の画面から〔URL の コピー〕をクリックして、メールか LINE でアドレスを送る。

2

新たな参加者が加わったので画面上部に3人の学習者が表示されている。Zoomは、話している人が自動的に画面中央部に大きく表示されるようになっている。まさにズーム。

5. 録画した授業を確認する

1

画面右下の〔レコーディングの停止〕ボタンをクリックして画面録画を終了する。次いで、〔ミーティングの終了〕をクリックしてZoomを終了する。

2

Zoom画面を録画すると終了後に動画を自動的に圧縮（ファイルサイズを小さく）してくれる。圧縮が終わると2種類のファイルタイプが表示される。「audio_only」は音声のみ、「zoom_0」などが動画。再生できるか確認して、授業動画を学習者とDropboxで共有すると良い。

3

2回目以降は、デスクトップに置かれたZoomのアイコンをクリックして〔新規ミーティング〕をクリック。Zoomのビデオ画面となるので、画面下に並んでいる中から〔招待〕をクリックして直接学習者をオンラインに招待すると良い。もちろん授業日を決めておいてオンラインで授業をすることも可能。

4

細かな設定は画面右上にあるアカウント名をクリックして表れる歯車のようなマークの〔設定〕から行う。通常の使用では、設定を変更する必要はない。ちなみに録画された動画は、〔レコーディングしています〕をクリックすると表示される〔ローカル録音〕の〔場所〕に保管される。また、初期設定ではミーティングを録画できるのはミーティング主催者のみ。参加者にも録画を許可する場合は、Zoom 画面の下にある〔参加者の管理〕をクリックし、一覧表示される参加者の横に表示されている〔詳細＞〕をクリックし、〔レコーディングの許可〕をクリックする。複数でミーティングを行っている場合は、一人ひとりに録画の許可を与える必要があるので注意。

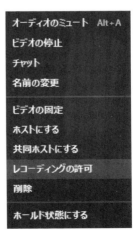

　Zoomは複数の参加者で話せて、画面共有ができて、それを録画できるので、オンライン授業にはピッタリのツールです。学習者は自分のスマホからでも授業を受けられるので、授業を休んだ学習者の補講に用いることもできます。何より、世界中にいる学習者と時間や場所にとらわれずにオンラインでつながることができるので、日本語教師の働き方の改革にも貢献してくれるはずです。Zoomを使ったオンラインでの授業形態に慣れておくと、これからの日本語教師としての大きなアドバンテージになります。

　Zoomを初めて授業で使う時は、学習者と自分のパソコン両方でビデオ画面が映るか、音は聞こえるかを必ず事前に確認しておきましょう。自分のパソコンには問題がなくても学習者側のパソコンやスマホで画像が映らなかったり、音が出なかったりすることがよくあります。初めてZoomで話す学習者とは、準備作業に10分ぐらいかかると見込んでおくと良いでしょう。一度、Zoomで話すことができれば、機種を変えない限り同じ相手とは次回からは問題なくつながるはずです。

column 9

AI は教師の仕事を奪うのか？

　最近、新聞や雑誌などで「AI に仕事を奪われる日がやってくる?!」のような見出しをよく目にするようになりました。実際、筆者らにも同様の質問が寄せられます。はたして、AI は私たちの仕事、日本語教師の仕事を奪ってしまうのでしょうか。

　2013 年にオックスフォード大学のマイケル A. オズボーン准教授らの研究チームが The Future of Employment: How susceptible are jobs to computerisation という論文の中で、10 年後になくなる仕事、残る仕事を発表しました。2015 年には日本の野村総研が日本の職業 601 を対象として分析を行い、10 年後には労働人口の 49％が AI やロボットによって代替可能だとする報告[1]を発表しました。これだけを見るとなかなかショッキングなことですよね。実際、このようなニュースにより多くの人が「自分の仕事はなくなるかも?!」と思うようです。

　確かに AI は、膨大なデータ量から何かを見つけるということに限っては人間の能力を陵駕します。そのため法律分野で過去の判例から適切なケースを見つけ出してきたり、医療分野でも過去の症例から病気を見つけるといった試みが盛んに行われています。AI を身近に感じていただくには、LINE の友だち検索で「りんな」と検索して友だち登録をしてみてください。何か文字を入力するとりんなが即座に返事を返してくれます。りんなは、マイクロソフトが 2015 年に発表した、16 歳の女子高生という設定で動いている AI です。そのため膨大な語彙量を誇り、会話では適当な組み合わせを考えて返答してくれます。試しに、りんなに「しりとり」と入力してみると、りんながしりとりを始めてくれますが、ほぼ人間では勝てません。だからといって、現在ある職業が AI ／ロボットに代替可能かというとそうはいきません。なぜなら、AI ／ロボット対人間という議論は、

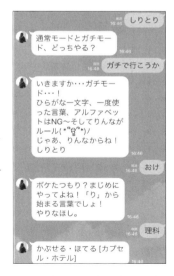

---

[1] 株式会社野村総合研究所（2015）「日本の労働人口の 49％が人工知能やロボット等で代替可能に」<https://www.nri.com/jp/news/2015/151202_1.aspx>

技術的な側面が先行し、AI導入までの労力や経費が勘案されていないという問題点があります。

　たとえば、手作業で部品を作っている会社がロボットを導入して経費削減を考えたとします。この時に、まったく同じ作業をするロボットが見つかったとしてもその購入費用がかかります。同じ作業をするロボットが見つからない場合は、ロボットに教える必要があります。AI／ロボットが人間の仕事を奪うという論争は、このコスト面を無視して進んでいるため、多少の誇張が含まれていると考えて良いでしょう。

　ただし、単純作業を長い時間行う作業に関しては機械化が進んでいくと考えて間違いないでしょう。電話オペレーターやチケット売り場、窓口業務などが機械化の対象と考えられています。一方で、医師やカウンセラーなどのその場で相手の表情や感情をくみ取らなければならないような仕事は、今後も人間が担っていく必要があるだろうとしています。では、日本語教師は？　野村総研によると、10年後も残る仕事だそうです。この結果について、筆者らはAIと教師の棲み分けがなされていくと考えています。たとえば、作文添削や発音練習などはAIが膨大なデータをもとに最適解を導いてくれるため、このような過去のデータをもとに判断をくだす作業はAIと勝負すべきではありません。他方、AIが進出すればするほど人間が持つ人間味が相対的に価値を増すようになります。「話していてなんとなく落ち着いた」や「授業には直接関係ないことだけれど心に残った」などの、より人間的な活動に秀でた付加価値が、これからの教師に求められてくるのではないでしょうか。何はともあれ、AIや機械には真似できない人間味のある教師をめざしたいですね。

日本語教育における
アクティブ・ラーニングの可能性

ここまで「アクティブ・ラーニングとは何か」（第1章）、「アクティブ・ラーニングの特徴」（第2章）、「アクティブ・ラーニングを実現するための視点」（第3章）、「アクティブ・ラーニングの視点での授業改善の方法」（第4章・第5章）と、アクティブ・ラーニングに関して理論・実践の両面から述べてきました。

　最終章である本章のテーマは、「日本語教育におけるアクティブ・ラーニングの可能性」です。まずは、「日本語教師としてできること・すべきこと・やってはいけないこと」について、アクティブ・ラーニングの視点から考えてみましょう。

A 日本語教師としてできること・すべきこと・やってはいけないこと

　第3章で、「アクティブ・ラーニングを実現するための視点」を九つ紹介しました。それぞれがとても重要でいつも心に留めておくべきことなのですが、ちょっとたくさんありすぎて「座右の銘」にするには多すぎるかもしれません。そこで、筆者（横溝）は、中嶋洋一氏による「教師のSOS」[1]を印刷して研究室に貼り、いつも目にすることができるようにしています。

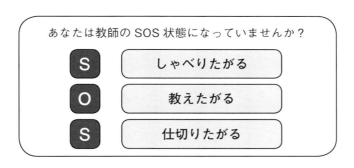

教師のSOS

　「教師」という仕事を選択した方の多くは、「話し好き」です。また、「教師は教えるのが仕事じゃないか」、そして「きちんと仕切って、学習者の学びを促進するのも教師の仕事じゃないか」と考えていらっしゃる先生方も多いと思います。筆者（横溝）自身も、話をするのが大好きですし、何かを上手に説明して学習者が分かってくれた時にはものすごい満足感に満たされますし、ピシッとした規律が守られている教室で授業するのが大好きです。そう考えてくると、この「教師のSOS状態」は、教師が自然になりがちな状態だとも思えます。

　この教師にとって自然な状態を「SOS」、すなわち「あぶない／そうであってはいけない状態」とする根拠は何なのでしょうか。この問いへの一つの回答が、「ラーニング・ピラミッド」です。

1　中嶋（2011）「TIPS for Everyday Classes　第4回授業力を高める（3）―コーチングで autonomous learner を育てる―」『授業で「自律的な学習者」を育てるために―中嶋塾で学んだ教師たちの軌跡―』中嶋塾記録集編集委員会、pp.86-89.

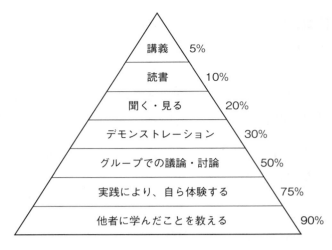

ラーニング・ピラミッド（活動別の学習定着率）

　アメリカ国立訓練研究所（National Training Laboratories）による、このラーニング・ピラミッドは、「アクティブ・ラーニングが重要な理由」としてよく引用されますが、実は、「この数字がどういった経緯で設定されたのか」「その数字の信頼性がどの程度あるのか」等、その信憑性に対する批判も数多く見られます。ただ、この階層に説得力があるとする教育者も少なくありません。

> 厳密な統計ではないが、教育現場の実感に近く、教え方の参考になる。
> 　　　　　　　　　　　　　　　　　　　　　　　　　　（小林 2016a: 80）

> このラーニング・ピラミッドは実証されてはいないということですが、私たち教育者にとっては納得のいく段階と言えるのではないでしょうか。
> 　　　　　　　　　　　　　　　　　　　　　　　　　　（瀧沢 2016: 119）

　筆者（横溝）自身も、「講義を聞いた」後よりも「実演を見た」後のほうが記憶に残っていることが多いですし、授業で教えた内容はずっと頭の中に残っていますので、教師の実感として、この階層には納得する部分が多いです。その一方で、「『実演を見た後で残っている記憶』の量が、『講義を聞いて残っている記憶』の量の6倍あるか」と問われると、そこまでの差はないようにも思えますし、講義や実演の「質」の影響も大きそうに思えますので、ラーニング・ピラミッドに

懐疑的な気持ちも持っています。

　そんな若干、懐疑的に見ているラーニング・ピラミッドをあえてここで紹介したのは、「（教師にとって自然な行動である）『しゃべること（S）』と『教えること（O）』」の質と量に配慮することの大切さ」について考えていただきたいからです。「教師が一方的にしゃべり続け、教え続けても、学習者の頭の中には、記憶としてあまり残らない」ことを心に留めておけば、「話す／教える時間を短くしよう」「話し方／教え方に工夫しよう」「話す／教える内容をしっかりと吟味しよう」「話す／教える代わりに、学習者に考えさせよう」「教師が話す／教えるのではなく、学習者同士で話し合い／教え合いをさせてみよう」など、たくさんの授業改善の方法があることに気づくことができます。

　「仕切りたがる（S）」についても考えてみましょう。教師としての経験が豊富になってくると、「こうやって勉強すれば、日本語が上手になります。この方法で勉強するのが、あなたのためだから、そうしてください」という気持ちが強くなってきます。このこと自体は、自身の成功体験に基づいた指導ですので、特に悪いことではありません。教師は、授業のデザイン・運営の責任者だからです。ただ、その指導法がオンリーワンのベストな指導法だと決め付けて、その方法だけを学習者に強要するようになると、話は別です。多様な学習者への対応が、うまくできなくなってしまいます。第3章の「アクティブ・ラーニングを実現するための視点」の、視点2を思い出してください。

視点2：学習者の多様性に対応しているか
    a. やる気
    b. 年齢
    c. 学び方（学習スタイル／学習ストラテジー）
    d. 学習不安
    e. 母語能力
    f. 現在の日本語能力（レベル差）
    g. 学習習慣
    h. 学習動機／目的

　学習者の多様性にしっかりと対応しているかどうか自分をふり返るためにも、「自分は仕切りたがっていないか」と自問自答することには、大きな意味があります。このように、「しゃべりすぎていないか（S）」「教えすぎていないか（O）」

「仕切りすぎていないか (S)」と自問自答することは、アクティブ・ラーニングを引き出す授業をめざすにあたって、とても効果的だと考えています。

B アクティブ・ラーニングを引き出す授業による学習者の変容

第2章の44ページでこのように述べました。

「アクティブ・ラーニングは、『主体的・対話的で深い学びを実現するためには、こんな方法がいいんじゃないか？　これはダメなんじゃないか？　こんなこともできるんじゃないか？』という形で、授業改善の視点を提供するものである」と捉えるべきだと、筆者らは考えています。アクティブ・ラーニングの視点は、「どう授業改善を行えば良いのか」に関する、たくさんのヒントを与えてくれるものなのです。

ここで問題になるのが、「アクティブ・ラーニングを引き出す授業を体験することによって、学習者はどのように変容するのか」という点です。以下、学習者の変容を、(1) 日本語能力、(2) 学習意欲、(3) 自己調整学習能力、の観点で考えてみます。

1. 日本語能力は向上するのだろうか

アクティブ・ラーニングを引き出す授業を行って「成績が上がった」という報告が、さまざまな分野でなされてきています。英語教育でも、山本（2015）などで「英語能力が向上した」ことが報告されていますので[1]、外国人に対する日本語教育でも、「アクティブ・ラーニングを引き出す授業の実施→日本語力の向上」という報告が、今後増えていくことが予想されます。そのことを実証するためには、数多くの実践研究の積み重ねが必要とされますし、その検証が必要でしょう。それでもなお、筆者らは「アクティブ・ラーニングを引き出す授業の実施が、日本語力の向上に貢献する」と考えています。それは、アクティブ・ラーニングを引き出す授業を行うことによって、学習者がより積極的に学ぶようになり、その積極的な学びが成績の向上につながったという実体験を持っているからです。

---

[1] 山本（2015）『はじめてのアクティブ・ラーニング！英語授業』学陽書房

2. 学習意欲は向上するのだろうか

第2章の26〜27ページで、「主体的な学び」には以下の特徴があることを述べました。

- ◆「主体的な学び」には、「学ぶことについての積極性」と「自らの学びのプロセスの認知」が含まれる。
- ◆「主体的な学び」では、教師ではなく学習者がほとんどの作業をしている。

「学ぶことについての積極性」が「主体的な学び」の主要素の一つですので、アクティブ・ラーニングを引き出す授業によって、学習者の積極的に学ぼうとする態度が育成されると結論づけられます。別の見方をすれば、「学ぶことについての積極性」が生じない授業は、アクティブ・ラーニングを引き出す授業ではない、とも言えるでしょう。

3. 自己調整学習能力は向上するのだろうか

「主体的な学び」のもう一つの主要素、「自らの学びのプロセスの認知」について考えてみましょう。中田編（2015: 29）は、「理想的な学習者」は「学習を楽しみ、学習の目標を立て、自身の学習をコントロールし、学習の過程をモニターし、成果を評価し、必要な修正を加えながら、建設的な学習を継続することができる」学習者であるとしています。すなわち、自分の学びについての自己調整学習能力が高い学習者こそが、理想的な学習者なのです。自己調整学習能力を伸ばすための教師の支援について、中田編（2015: 34）は、以下のように述べています[2]。

> 教師は、まず学習者の心の内面を解明し、学習者が自ら教師や仲間に必要な支援を求めることができるよう導くべきである。そのために、必要以上の助けを与えることのない「勇気」と「余裕」を持つことである。「生徒に助

---

[2] 中田編（2015）『自分で学んでいける生徒を育てる―学習者オートノミーへの挑戦―』ひつじ書房。中田によるこの主張は、横溝（2011: 229）で紹介された「CLLの5段階での成長理論の中での、教師に求められる学習者との関わり方」と共通するものである。

けが本当に必要か」、「無用な助けを提供していないか」、「本人の自己調整学習につながる支援をしているか」、「学習者自身に考える余地と責任を与えているか」などを考えることが大切である。このようなプロセスを経て、学習者は徐々に自らの学習に責任を持つようになり、言語学習における行為主体者への道を歩み始めるからである。

　自己調整学習のプロセスにおいては、効率的な学び方を教えたり、目標の設定を手伝ったり、選択肢を示したり、うまくいかない理由やうまくいった理由を考えさせたり、ヒントを与えたり、不必要に過度な不安を取り除いたり、できると思わせたりと、「学び方」（技術面）と「気持ちの持ち方」（心理面）の両面における様々なサポートが必要になる。しかし、その過程において与える支援は、それぞれの学習者の状況に合わせた適度なものでなければならない。また、適度な支援をするためには、教師は学習者のみならず「過度な支援を与えてないか、あるいは必要以上に学習者を放ったらかしていないか」自らを振り返ることができなければならない。

第3章の「アクティブ・ラーニングを実現するための視点」のうち、以下の視点は、自己調整学習能力を伸ばすことにつながる視点と言えるでしょう。

視点3：適切な学習環境を提供できているか
　　　a. 安心して学べる。
　　　b. 楽しく学べる。
　　　c. 協力して学べる。
　　　d. お互いに讃え合い、祝い合い、ほめ合う。

視点4：学習者が主体的／積極的に学ぶ機会を提供できているか
　　　a. 授業中に学ぶ。（動いたり、考えたり、体験したり）
　　　b. 授業外で学ぶ。（宿題など）

視点6：学習者に自己選択・自己決定の機会を与えているか
　　　a. 学習者に、教材のレベルの自己選択・自己決定の機会が与えられている。
　　　b. 学習者に、制限時間の自己選択・自己決定の機会が与えられている。

視点 8：ふり返りやフィードバックの時間を設けているか
    a. 各学習者によるふり返り
    b. 学習者間のふり返りの共有
    c. 教師からのフィードバック

視点 9：「見通し」を与えているか
    a. 達成目標(「評価規準」「Can-Do リスト」「ルーブリック」)が、学習者に伝えられているか。
    b. 「その活動によってどんな力がつくのか」が、学習者に伝えられているか。

column 10

学習者のふり返りを支援するには？（その2）

　コラム8でリフレクション・ペーパーによるふり返り支援を紹介しました。ここでは、足場かけ「教師からの問い」について見ていきます。関根（2006）は、教える相手によって、ティーチングとコーチングを使い分けるべきであると主張しています[1]。ティーチングとコーチングの違いは以下の通りです。

> 　「ティーチング」は「教え込む」という、どちらかというと今までの学校教育のイメージです。先生が答えを持っていて、それを生徒に教えるといった感じでしょうか。「コーチング」は「引き出す」といったイメージです。答えは、本人が持っている。コーチは、それを上手な質問・傾聴・承認といったスキルを使って引き出します。（関根 2006: 128）

　関根（2006: 157）は、教える相手の「レベル（知識・経験の度合い）」を「できる」のか「できない」のかという二つのレベルに分け、さらにそれぞれのレベルを二つに分け、教える相手のレベルを以下の四つに整理しています。

　レベル1：「できない」ことに気づいていない。
　レベル2：「できない」ことに気づいている。
　レベル3：「できる」理由をわかっていない。
　レベル4：「できる」理由をわかっている。

　その上で、レベル1と2の相手には「ティーチング」を、レベル3と4の相手には「コーチング」を行うべきであると主張しています。

1　関根（2006）『教え上手になる！―教えと学びのワークブック―』クロスメディア・パブリッシング

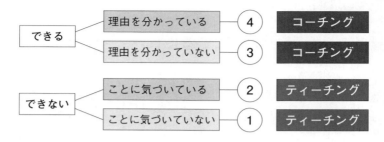

教える相手のレベル別の対応

各レベルで行う指導は、以下のようにまとめられます。

レベル1：「できない」ことに気づいていない。
　（1）観察（上手にやっているところを見せる）
　（2）指摘（できていないことをきっちり伝える）
　（3）体感（できないことを体感させる）

レベル2：「できない」ことに気づいている。
　（1）実践→評価（やらせてみて、その良し悪しを伝える）

レベル3：「できる」理由をわかっていない。
　（1）質問（「なぜできたの？」と聞く）
　（2）分析（「なぜできたのか」を考えさせる）

レベル4：「できる」理由をわかっている。
　（1）見守る（基本的に見守ってあげて、あとは本人からの相談を待つ）

「内容目標がどれくらい達成できたか」を学習者がふり返る際に、上記の理論的枠組みは効果的に使えます。なぜなら、「教える相手のレベルによって、指導のことばの内容を考える重要性」を強調しているからです。

C アクティブ・ラーニングを引き出す授業による教師の変容

　アクティブ・ラーニングを引き出す授業にチャレンジすることで、日本語教師はどのように変容していくのでしょうか。第3章の「アクティブ・ラーニングを実現するための視点」を心に留めて授業改善を試みようとすると、非常に多数の、ある意味無限の改善点が見つかります。まさに、「アクティブ・ラーニングの視点は、どう授業改善を行えば良いのかに関する、さまざまなヒントを与えてくれるもの」なのです。このヒントに基づいて、アクティブ・ラーニングを引き出す授業をめざした授業改善を試み続けると、「自分が持っている「どう教えるか」についての考えを、自分の教育現場の実際に応じて捉え直し、それを実践し、その結果を観察し内省して、より良き授業を目指すことが出来る能力」（横溝 2000: 6）がどんどん向上します。この能力に長けた教師のモデルとして挙げられるのが、「自己研修型教師（Self-directed Teacher）」であり、「内省的実践家（Reflective Practitioner）」です。

［自己研修型教師］（岡崎・岡崎 1997: 15-16）
  (1) 他の人が作成したシラバスや教授法を鵜呑みにし、そのまま適用していくような受け身的な存在ではなく、自分自身で自分の学習者に合った教材や教室活動を創造していく能動的な存在である。
  (2) 教師各自がこれまでの教授法や教材の持つ可能性を批判的に捉え直し、これまで無意識に作り上げてきた自分の言語教育観やそれに基づいた教授法やテクニックの問題点を、学習者との関わりの中で見直していくという作業を自らに課す。
  (3) 考え、実行に移し、結果を観察し、改善していくという過程全体を担う。

［内省的実践家］（岡崎・岡崎 1997: 24, 26）
  (1) 自分（や他の教師）のクラスで繰り広げられる教授・学習過程を十分理解するために、自分（や他の教師）の教授過程を観察し、振り返る中で教授・学習過程の重要な諸点を発見していく教師
  (2) 教師の〈既に獲得している経験や技術を尊重し〉、その上で、〈各人な

りの意味の構築〉を行ない、〈教師としての成長の主体を教師自身におき〉、〈自律的な教師研修〉を行なうことを通じて教室内で起きている事態について自分自身で観察し、考え、意志決定を行なっていく教師

「自己研修型教師」「内省的実践家」ともに、自分の教育現場での実践を通した試行錯誤を、成長のための必要条件として捉えています。「アクティブ・ラーニングを実現するための視点」は、教師として成長し続けるための、たくさんのきっかけを与えてくれるものなのです。

おわりに

　本書は、いまだぼんやりとしているアクティブ・ラーニングについて、授業改善の視点からさまざまな試みを盛り込みました。今までの授業をどのように変えるかだけではなく、新たなテクノロジーの活用によって今までの授業をがらりと変える方法もあわせて提案しました。そのことで、皆さんの授業に変化が起きることを願っています。
　では、なぜ私たちの授業を変えていくことが必要なのでしょうか。この問いについて、本書の筆者それぞれから回答したいと思います。まずは、横溝の回答から。

　　学習者の成長を促す教師も成長すべきだからです。学習者がどんどん成長していき、教師だけが置いてけぼりではあんまりです。教師こそ新たな視点を積極的に授業に取り入れて、トライ＆エラーを繰り返すべきです。ただ、突然「さあ、授業を変えましょう！」と言われても、何をどうすれば良いのかイメージしにくいと思います。そこで、第4章では、「学習者を脳動的にする」という観点で、「ちょっとした工夫タイプ」の授業改善のヒントを紹介しました。

続いて、山田の回答です。

　　社会の変化に対応するためです。本書の第1章でも触れていますが、社会構造は歴史の中で大きく変化してきています。特にここ10年の教室へのテクノロジーの進出は目を見張るものがあり、学習者の学習の仕方も確実に変化してきています。翻って、今日の日本語教師を見てみると依然旧態然としていて、テクノロジーの恩恵にあやかるどころか、かえってそれに振り回されて忙殺されている現状があります。そこで第5章では、教師の負担を減らすことと教育効果を向上させるという観点から、授業におけるICT活用の方法を提案しています。テクノロジーに対してアレルギーを持っている教師にも、世の中には便利なものがあるんだな、学習者の反応が変わってきたなということを体感してもらいたいと願っています。

本書の中には、すぐに使えるテクニックが数多くちりばめられています。その点では、ハウツー本やネタ本の類いに見えるかもしれません。しかし本書で一貫して流れている哲学は、教師が自分で自分の成長を促していくために必要なきっかけや手法を見つけるお手伝いです。そのため、「アクティブ・ラーニングを引き出す具体的方法」の一部を紹介し、「いろいろな方法を活用して、授業改善にチャレンジしてみませんか」と呼びかける思いを持ちつつ、私たちは本書を執筆しました。

　授業改善と聞くとポジティブな印象が前面に押し出されますが、新たなチャレンジをしても、思ったようにうまくいかないこともよくあります。そんな時は、「トーマス・エジソンが言うように、それは『失敗』ではなく『うまくいかないことを一つ学んだ』」と捉えていただければと思っています。チャレンジせずに凡庸な授業をただ繰り返すよりも、新たな授業改善に果敢にチャレンジし、それを自分の環境に合わせて修正し、また新たな試みに取り組んでみる。このサイクルをぜひとも繰り返していただきたいのです。その繰り返しの継続によって、教師は成長し続け、教室が変わっていくと信じています。本書がみなさまの教師としての成長を促すヒントになれば幸いです。

2019 年 4 月
横溝紳一郎・山田智久

参考文献

青谷優子（2017）『英語は朗読でうまくなる！―アナウンサー直伝！伝わる英語を話すための10のテクニック―』アルク

青山豊・片桐史尚・篠崎大司・世良時子・吉川正則（2012）『日本語教育能力検定試験重要キーワード集300（NAFL日本語教師養成プログラム）』アルク

赤池秀代（2012）「スピーキング」金谷憲編集代表『大修館　英語授業ハンドブック〈高校編〉』大修館書店、pp.177-190.

赤沢真世（2014）『英語の文字　発見！ノート』立命館大学（科研費若手研究(B)研究成果物）

赤堀侃司（2014）『タブレットは紙に勝てるのか―タブレット時代の教育―』ジャムハウス

浅倉美波・遠藤藍子・春原憲一郎・松本隆・山本京子（2000）『日本語教師必携ハート＆テクニック』アルク

阿野幸一・太田洋（2011）『日々の英語授業にひと工夫』大修館書店

阿野幸一・小泉香織（2016）『「CAN-DOリスト」を使った授業づくり―目標達成のための言語活動の取り入れ方―』全3巻、ジャパンライム

阿野幸一・太田洋・萩原一郎・増渕素子（2017）『若手英語教師のためのお悩み解決BOOK』大修館書店

新井紀子（2018）『AI vs. 教科書が読めない子どもたち』東洋経済新報社

アレン玉井光江（2010）『小学校英語の教育法―理論と実践―』大修館書店

池田玲子（2012）「ピアラーニングのポイントと実践のポイント」日本語教育学会研究集会（九州・沖縄地区）配布資料（2012.6.17、熊本学園大学）

石井英真（2016）「発見学習（専門家が徹底解説　アクティブ・ラーニングの視点で授業づくり）」『授業力＆学級経営力』1月号、pp.14-16.

石井英真（2017）『教師の資質・能力を高める！アクティブ・ラーニングを超えていく「研究する」教師へ―教師が学び合う「実践研究」の方法―』日本標準

石井英真・原田三朗・黒田真由美編（2017）『［Round Study］教師の学びをアクティブにする授業研究―授業力を磨く！アクティブ・ラーニング研修法―』東洋館出版社

和泉伸一（2009）『「フォーカス・オン・フォーム」を取り入れた新しい英語教育』大修館書店

磯田貴道（2011）『教科書の文章を活用する英語指導―授業を活性化する技108―』成美堂

稲岡章代（2015）「Q4-15　生徒の音読の声が小さくなってきたときの指導は？」樋口忠彦・高橋一幸編『Q&A中学英語指導法事典―現場の悩み152に答える―』教育出版、p.158.

市川尚・根本淳子（2016）『インストラクショナルデザインの道具箱101』（鈴木克明監修）北大路書房

市川紘子（2017）「指導する教員自身の英語運用能力に不安がある…（東京大学マナビラ

ボ発　アクティブ・ラーニングもやもや相談室4)」『英語教育』10月号、p.55.
今井むつみ（2016）『学びとは何か―〈探求人〉になるために―』岩波書店
岩田一成・大関浩美・篠崎大司・世良時子・本田弘之（2012）『日本語教育能力検定試験に合格するための用語集』アルク
ウィギンズ, G.・マクタイ, J.（2012）『理解をもたらすカリキュラム設計―「逆向き設計」の理論と方法―』（西岡加奈恵訳）日本標準
江尻寛正（2016）「アクティブ・ラーニングを取り入れた小学校の授業」『英語教育』8月号、pp.20-21.
江尻寛正（2017）『はじめての小学校英語―授業がグッとアクティブになる！活動アイデア―』明治図書
胡子美由紀（2016）『生徒をアクティブ・ラーナーにする！英語で行う英語授業のルール&活動アイデア』明治図書
江間忠明（2016）「ディベート（専門家が徹底解説　アクティブ・ラーニングの視点で授業づくり）」『授業力&学級経営力』1月号、pp.22-23.
江利川春雄（2012）『協同学習を取り入れた英語授業のすすめ』大修館書店
大杉昭英（2017）『アクティブ・ラーニング　授業改革のマスターキー』明治図書
太田洋（2007）『英語を教える50のポイント―Tips for English Teachers―』光村図書
太田洋（2012）『英語の授業が変わる50のポイント』光村図書
大塚謙二（2011）『教師力をアップする100の習慣』明治図書
大塚謙二（2015）『Q&A　英語授業に悩んだら読む本』学陽書房
大森雅美（2013）『聴解授業の作り方編（日本語教師の7つ道具シリーズ⑥)』アルク
岡崎敏雄・岡崎眸（1997）『日本語教育の実習―理論と実践―』アルク
奥村三菜子・櫻井直子・鈴木裕子（2016）『日本語教師のためのCEFR』くろしお出版
海外技術者研修協会編（1990）『しんにほんごのきそⅠ　本冊［漢字かなまじり版］』スリーエーネットワーク
加賀田哲也（2015）「Q6-9　声を出すことを嫌がる生徒の指導は？」樋口忠彦・髙橋一幸編『Q&A中学英語指導法事典―現場の悩み152に答える―』教育出版、pp.197
金子暁（2016）「ICTを活用したアクティブ・ラーニング」『英語教育』8月号、pp.30-31.
金谷憲（2002）『英語授業改善のための処方箋―マクロに考えミクロに対処する―』大修館書店
金森強（2011）『小学校外国語活動　成功させる55の秘訣―うまくいかないのには理由がある―』成美堂
加納誠司（2016）「体験学習（専門家が徹底解説　アクティブ・ラーニングの視点で授業づくり）」『授業力&学級経営力』1月号、pp.18-19.
上條晴夫（2012）『協同学習で授業を変える！（授業づくりネットワークNo.4)』学事出版
神谷和宏（2016）『アクティブ・ラーニングを動かすコーチング・アプローチ』明治図書
上山晋平（2016a）『授業が変わる！英語教師のためのアクティブ・ラーニングガイドブック』明治図書
上山晋平（2016b）「アクティブ・ラーニングを取り入れた英語授業づくりのポイント」『英語教育』8月号、pp.14-16.

上山晋平（2016c）「実践に役立つブックガイド」『英語教育』8月号、p.32.

上山晋平（2018）『はじめてでもすぐ実践できる！中学・高校英語スピーキング指導』学陽書房

亀倉正彦（2016a）『失敗事例から学ぶ大学でのアクティブラーニング（アクティブラーニング・シリーズ）』（溝上慎一監修）東信堂

亀倉正彦（2016b）「「アクティブ・ラーニング失敗事例マンダラ」から学ぶ」『英語教育』8月号、pp.27-29.

河合塾編著（2011）『アクティブ・ラーニングでなぜ学生が成長するのか─経済系・工学系の全国大学調査からみえてきたこと─』東信堂

河合塾編著（2014）『「学び」の質を保証するアクティブ・ラーニング─3年間の全国大学調査から─』東信堂

川口義一・横溝紳一郎（2005a）『成長する教師のための日本語教育ガイドブック［上巻］』ひつじ書房

川口義一・横溝紳一郎（2005b）『成長する教師のための日本語教育ガイドブック［下巻］』ひつじ書房

川島直・皆川雅樹（2016）『アクティブ・ラーニングに導くKP法実践─教室で活用できる紙芝居プレゼンテーション法─』みくに出版

川添愛（2017）『働きたくないイタチと言葉がわかるロボット─人工知能から考える「人と言葉」─』朝日出版社

河野俊之・串田真知子・築地伸美・松崎寛（2004）『1日10分の発音練習』くろしお出版

菅正隆編著（2017）『アクティブ・ラーニングを位置づけた小学校英語の授業プラン』明治図書

菅正隆・松下信之編著（2017）『アクティブ・ラーニングを位置づけた高校英語の授業プラン』明治図書

関西外国語大学中嶋ゼミ制作（2012）『授業で使える教材集Ⅱ：Read me』

木下慎（2017）「ラーニングはアクティブか（東京大学マナビラボ発　アクティブ・ラーニングを一歩進める　マナビの理論3）」『英語教育』9月号、p.57.

木村充（2017）「高大接続から観るアクティブ・ラーニング（東京大学マナビラボ発　アクティブ・ラーニングを一歩進める　マナビの理論4）」『英語教育』11月号、p.40.

教育課程研究会編著（2016）『「アクティブ・ラーニング」を考える』東洋館出版社

國弘正雄編（2001）『英会話・ぜったい・音読［入門編］─英語の基礎回路を作る本─』講談社

久保野雅史（2014）「音読の声が出ません。声を大きくさせるコツはないでしょうか。」『英語指導技術ガイドQ&A─授業の悩みにこたえる26のレシピ─』開拓社、pp.34-39.

黒上晴夫（2016）「思考ツール（専門家が徹底解説　アクティブ・ラーニングの視点で授業づくり）」『授業力＆学級経営力』1月号、pp.22-23.

栗田佳代子（2017）『インタラクティブ・ティーチング─アクティブ・ラーニングを促す授業づくり─』河合出版

栗田佳代子・吉田塁・大野智久編著（2018）『教師のための「なりたい教師」になれる

本』学陽書房
栗田正行（2017）『「発問」する技術』東洋館出版社
向後千春（2015）『上手な教え方の教科書―入門インストラクショナルデザイン―』技術評論社
向後千春（2018）『世界一わかりやすい　教える技術』永岡書店
鴻野豊子（2013）『会話授業の作り方編（日本語教師の７つ道具シリーズ⑦）』アルク
国際交流基金編著（2013）『まるごと―日本のことばと文化―［入門 A1　かつどう］』三修社
国際文化フォーラム（2012）『外国語学習のめやす 2012―高等学校の中国語と韓国語教育からの提言―』国際文化フォーラム
小林昭文（2015）『アクティブ・ラーニング入門―会話形式でわかる『学び合い』活用術―』産業能率大学出版部
小林昭文（2016a）『図解　アクティブラーニングがよくわかる本』講談社
小林昭文（2016b）『７つの習慣×アクティブ・ラーニング―最強の学習習慣が生まれた―』産業能率大学出版部
小林昭文（2017a）『アクティブ・ラーニング入門 2』産業能率大学出版部
小林昭文（2017b）『図解　実践！アクティブラーニングができる本』講談社
小林翔（2017）『高校英語のアクティブ・ラーニング　成功する指導技術＆４技能統合型活動アイデア 50』明治図書
小林典子・フォード丹羽順子・高橋順子・梅田泉・三宅和子（1995）『わくわく文法リスニング 99』凡人社
近藤裕美子（2009）「書く活動」スイス日本語教師会主催日本語教育セミナー配布資料（2009.3.21-22、ベルン）
佐伯胖（2003）『「学び」を問いつづけて―授業改革の原点―』小学館
坂野由紀子（2016）「大学でのアクティブ・ラーニング―質問を引き出す―」『英語教育』8 月号、pp.24-26.
坂本正・大塚容子（2002）『教育実習（NAFL 日本語教師養成プログラム第 18 巻）』アルク
静哲人（2009a）『英語授業の３形態――一斉、ペア、そしてグルグル①（一斉授業の基礎 DVD）』ジャパンライム
静哲人（2009b）『英語授業の心・技・体』研究社
JACET 教育問題研究会編（2012）『新しい時代の英語科教育の基礎と実践―成長する英語教師を目指して―』（神保尚武監修）三修社
白畑知彦・冨田祐一・村野井仁・若林茂則（2009）『英語教育用語辞典［改訂版］』大修館書店
杉江修治（2011）『協同学習入門―基本の理解と 51 の工夫―』ナカニシヤ出版
鈴木克明（2018）『学習設計マニュアル―「おとな」になるためのインストラクショナルデザイン―』ナカニシヤ出版
JF 日本語教育スタンダード <https://jfstandard.jp/top/ja/render.do>
JUPTUFS アカデミック日本語 Can-do リスト <http://www.tufs.ac.jp/common/jlc/kyoten/development/ajcan-do/>

下薫編（2006）『キッズクラウン　はじめて書く ABC』三省堂

ジョンソン, D. W. ジョンソン, R. T.（2016）『協同学習を支えるアセスメントと評価』（石田裕久訳）日本協同学習教育学会

ジョンソン, D. W.・ジョンソン, R. T.・スミス, K. A.（2001）『学生参加型の大学授業―協同学習への実践ガイド―』（関田一彦監訳）玉川大学出版部

清ルミ（2018）『しごとの日本語　FOR BEGINNERS　会話編』アルク

関根雅泰（2006）『教え上手になる！―教えと学びのワークブック―』クロスメディア・パブリッシング

関根雅泰（2015）『オトナ相手の教え方』クロスメディア・パブリッシング

高木展郎・大滝一登（2016）『アクティブ・ラーニングを取り入れた授業づくり―高校国語の授業改革―』明治書院

高島英幸編著（2000）『実践的コミュニケーション能力のための英語のタスク活動と文法指導』大修館書店

高野利雄著, 近藤千恵監修（2000）『先生のためのやさしい教師学による対応法―生徒への対応が楽になる―』ほんの森出版

髙橋一幸（2011）『成長する英語教師―プロの教師の「初伝」から「奥伝」まで―』大修館書店

髙橋一幸（2015）「Q4-14　音読指導の方法と進め方は？」樋口忠彦・高橋一幸編『Q&A中学英語指導法事典―現場の悩み 152 に答える―』教育出版, pp.156-157.

高濱正伸（2012）『たこマン―発想力を鍛える 2 コマ漫画カード―』小学館

瀧沢広人（2005）『教科書を 100％活かす英語授業の組み立て方』明治図書

瀧沢広人（2008a）『わくわく！面白英文法指導の導入と音読指導（英語教師の達人をめざして―達セミフレンズからの贈り物―）』ジャパンライム

瀧沢広人（2008b）『新卒 1 年目　授業崩壊に至らない必須ワザ 13（ビギナー教師の英語授業づくり入門④）』明治図書

瀧沢広人（2011）『あの先生の授業楽しいヒミツ？―生徒がどんどんノッてくる英語指導の面白アイデア 29―（ビギナー教師の英語授業づくり入門⑨）』明治図書

瀧沢広人（2013）『中学の英文法！楽しい導入アクティビティ・アイデア集（ビギナー教師の英語授業づくり入門⑪）』明治図書

瀧沢広人（2016）『絶対成功する！アクティブ・ラーニングの授業づくりアイデアブック』明治図書

瀧沢広人（2017）『絶対成功する！アクティブ・ラーニングの英文法ワークアイデアブック』明治図書

田尻悟郎（2009）『(英語) 授業改革論』教育出版

田尻悟郎（2014）『田尻悟郎の英語教科書本文活用術！―知的で楽しい活動＆トレーニング集―』教育出版

巽徹編著（2016）『アクティブ・ラーニングを位置づけた中学校英語科の授業プラン』明治図書

田中武夫・島田勝正・紺渡弘幸編著（2011）『推論発問を取り入れた英語リーディング指導―深い読みを促す英語授業―』三省堂

田中武夫・田中知聡（2003）『「自己表現活動」を取り入れた英語授業』大修館書店

田中武夫・田中知聡（2014）『英語教師のための文法指導デザイン』大修館書店
田中俊也（2017）『教育の方法と技術―学びを育てる教室の心理学―』ナカニシヤ出版
田中智輝（2018）「『人はもともとアクティブ・ラーナー』とはどういうことか？（東京大学マナビラボ発　アクティブ・ラーニングを一歩進める　マナビの理論6）」『英語教育』3月号，p.40.
田中智輝・木村充（2017）「授業前後の教員への負担が大きいのだけど…（東京大学マナビラボ発　アクティブ・ラーニングもやもや相談室1）」『英語教育』4月号，p.54.
田中望（1988）『日本語教育の方法―コース・デザインの実際―』大修館書店
田中博之（2016）『アクティブ・ラーニング実践の手引き―各教科等で取り組む「主体的・協働的な学び」―』教育開発研究所
田中博之（2017a）『アクティブ・ラーニング「深い学び」実践の手引き』教育開発研究所
田中博之（2017a）『実践事例でわかる！　アクティブ・ラーニングの学習評価』学陽書房
田中博之編著（2017）『アクティブ・ラーニングが絶対成功する！小・中学校の家庭学習アイデアブック』明治図書
田中真紀子（2017）『小学生に英語の読み書きをどう教えたらよいか』研究社
田原真人（2017）『Zoomオンライン革命！―新しいWeb会議システムが世界を変える！―』秀和システム
田村学（2016a）「アクティブ・ラーニングで授業を磨く」『授業力&学級経営力』1月号、pp.4-7.
田村学（2016b）「ゼロから学べるアクティブ・ラーニングの基礎知識」『授業力&学級経営力』1月号、pp.8-13.
田村学（2016c）「対話的な学びとは何か？」『教職研修』9月号，pp.20-23.
田村学（2018）『深い学び』東洋館出版社
筑波ランゲージグループ（2007）『Situational Functional Japanese Volume I: Notes Second Edition』凡人社
遠山紗耶香（2016）「ジグソー法（専門家が徹底解説　アクティブ・ラーニングの視点で授業づくり）」『授業力&学級経営力』1月号、pp.26-27.
中嶋洋一（2000）『学習集団をエンパワーする30の技―subjectからprojectへ―』明治図書
中嶋洋一（2011）「TIPS for Everyday Classes　第4回授業力を高める(3)　―コーチングでautonomous learnerを育てる―」『授業で「自律的な学習者」を育てるために―中嶋塾で学んだ教師たちの軌跡―』中嶋塾記録集編集委員会、pp.86-89.
中嶋洋一（2012a）「はじめに（解説編）」関西外国語大学中嶋ゼミ制作『授業で使える教材集Ⅱ：Read me』、pp.1-2.
中嶋洋一（2012b）「3. 生き方編：大切なのは心のつながり（う〜みさんの生き方）」関西外国語大学中嶋ゼミ制作『授業で使える教材集Ⅱ：Read me』、pp.22-25.
中嶋洋一責任編集（2017）『「プロ教師」に学ぶ真のアクティブ・ラーニング―"脳働"的な英語学習のすすめ―』開隆堂
中田賀之編（2015）『自分で学んでいける生徒を育てる―学習者オートノミーへの挑戦―』

ひつじ書房
永田敬・林一雅編（2016）『アクティブラーニングのデザイン―東京大学の新しい教養教育―』東京大学出版
奈須正裕（2016）「問題解決学習（専門家が徹底解説　アクティブ・ラーニングの視点で授業づくり）」『授業力 & 学級経営力』1月号、pp.17-18.
奈須正裕（2017）『「資質・能力」と学びのメカニズム』東洋館出版社
成田秀夫著、溝上慎一監修（2016）『アクティブラーニングをどう始めるか（アクティブラーニング・シリーズ）』東信堂
鳴門教育大学小学校英語センター編（2017）『小学校英語　アルファベットの大文字・小文字を覚えよう』（畑江美佳監修）マルジュ社
西岡加奈恵（2016）「アクティブ・ラーニング導入にあたっての評価のあり方」『英語教育』8月号、pp.20-21.
西岡加奈恵編著（2008）『「逆向き設計」で確かな学力を保証する』明治図書
西岡加奈恵編著（2016）『「資質・能力」を育てるパフォーマンス評価―アクティブ・ラーニングをどう充実させるか―』明治図書
西川純（2015a）『アクティブ・ラーニング入門―会話形式でわかる『学び合い』活用術―』明治図書
西川純（2015b）『すぐわかる！できる！アクティブ・ラーニング―新しい授業の方法がこの1冊でわかる！―』学陽書房
西川純（2015c）『『学び合い』を成功させる教師の言葉かけ』東洋館出版社
西川純（2016a）『サバイバル・アクティブ・ラーニング入門―子どもたちが30年後に生き残れるための教育とは―』明治図書
西川純（2016b）『すぐ実践できる！アクティブ・ラーニング中学英語』学陽書房
西川純（2016c）『週イチでできる！アクティブ・ラーニングの始め方』東洋館出版社
西川純（2016d）「アクティブ・ラーニング実践のためのQ&A」『英語教育』8月号、pp.10-13.
西川純（2016e）『アクティブ・ラーニングによるキャリア教育入門』東洋館出版社
西川純編（2010）『クラスが元気になる！『学び合い』スタートブック』学陽書房
西川純編（2012）『クラスがうまくいく！『学び合い』ステップアップ』学陽書房
ニルソン, L. B.（2017）『学生を自己学習者に育てる―アクティブラーニングのその先へ―』北大路書房
根岸雅史（2017）『テストが導く英語教育改革―「無責任なテスト」への処方箋―』三省堂
バークレー, F. E.（2015）「関与の条件―大学授業への学生の関与を理解し促すということ―」松下佳代編著『ディープ・アクティブラーニング』勁草書房、pp.58-91
バークレイ, E.・クロス, P.・クレア, H.C.（2009）『協同学習の技法』（安永悟監訳）ナカニシヤ出版
バーグマン, J.・サムズ, A.（2014）『反転授業』（上原裕美子訳）オデッセイコミュニケーションズ
橋本勝（2017）『ライト・アクティブラーニングのすすめ』ナカニシヤ出版
畑中豊（2007）『教師必携！英語授業マネジメント・ハンドブック』明治図書

林義樹（2015）『ラベルワークで進める参画型教育―学び手の発想を活かすアクティブ・ラーニングの理論・方法・実践―』ナカニシヤ出版

林伸一・森泉朋子（1995）「遡行と内観（グループで学ぶ日本語⑪）」『月刊日本語』2月号、pp.64-67.

平田オリザ（2015）『対話のレッスン―日本人のためのコミュニケーション術―』講談社

藤井千春（2016）『アクティブ・ラーニング授業実践の原理―迷わないための視点・基盤・環境―』明治図書

プリチャード, A.・ウーラード, J.（2017）『アクティブラーニングのための心理学―教育実践を支える構成主義と社会的学習理論―』（田中俊也訳）北大路書房

本田勝嗣（2000）『メンタリングの技術―高成果型の人材を早期に育成する新しい人材育成法―』オーエス出版社

本多敏幸（2009）「スピーキング」金谷憲編集代表『英語授業ハンドブック〈中学校編〉』大修館書店、pp.177-206.

本多敏幸（2015）「スピーチやスキットのさせ方は？」樋口忠彦・高橋一幸編著『Q&A中学英語指導法事典―現場の悩み 152 に答える―』教育出版、pp.106-107

堀田龍也（2016）「ICT の活用（専門家が徹底解説　アクティブ・ラーニングの視点で授業づくり）」『授業力＆学級経営力』1月号、pp.28-29.

堀公俊・加藤彰（2006）『ファシリテーション・ベーシックス―議論を「見える化」する技法―』日本経済新聞出版社

堀公俊・加藤彰（2008）『ワークショップ・デザイン―知をつむぐ対話の場づくり―』日本経済新聞出版社

堀公俊・加藤彰（2009）『ロジカル・ディスカッション―チーム思考の整理術―』日本経済新聞出版社

堀公俊（2016）『ファシリテーション・ベーシックス―組織のパワーを引き出す技法―』日本経済新聞出版社

堀裕嗣（2012a）『教室ファシリテーション　10 のアイテム・100 のステップ―授業への参加意欲が劇的に高まる 110 のメソッド―』学事出版

堀裕嗣（2012b）『一斉授業 10 の原理・100 の原則―授業力向上のための 110 のメソッド―』学事出版

ホーン, M. B.・ステイカー, H.（2017）『ブレンディッド・ラーニングの衝撃―「個別カリキュラム×生徒主導×達成度基準」を実現したアメリカの教育革命―』（小松健司訳）教育開発研究所

前田康裕（2016）『まんがで知る教師の学び―これからの学校教育を担うために―』さくら社

前田康裕（2017）『まんがで知る教師の学び 2―アクティブ・ラーニングとは何か―』さくら社

前田康裕（2018）『まんがで知る教師の学び 3―学校と社会の幸福論―』さくら社

牧野昭子・澤田幸子・重川明美・田中よね・水野マリ子（2014）『みんなの日本語初級Ⅰ　初級で読めるトピック 25［第 2 版］』スリーエーネットワーク

益川弘如（2016a）「第 1 回　生徒が持つ『学ぶ力』を最大限活用する（アクティブ・ラーニング　実践に基本の『き』）」『英語教育』4月号、p.72.

益川弘如（2016b）「第 2 回　学習環境のデザイン（アクティブ・ラーニング　実践に基本の『き』）」『英語教育』5 月号、p.68.
益川弘如（2016c）「第 3 回　知識構成型ジグソーの実践事例（中学校編）（アクティブ・ラーニング　実践に基本の『き』）」『英語教育』6 月号、p.66.
益川弘如（2016d）「第 4 回　知識構成型ジグソーの実践事例（高等学校編）（アクティブ・ラーニング　実践に基本の『き』）」『英語教育』7 月号、p.66.
益川弘如（2016e）「第 5 回　問いを生み続け学びを深め続ける授業設計（アクティブ・ラーニング　実践に基本の『き』）」『英語教育』8 月号、p.40.
益川弘如（2016f）「第 6 回　評価の視点からの授業づくり（アクティブ・ラーニング　実践に基本の『き』）」『英語教育』9 月号、p.73.
松尾睦（2011）『職場が生きる人が育つ　「経験学習」入門』ダイヤモンド社
松尾豊（2015）『人工知能は人間を超えるか—ディープラーニングの先にあるもの—』KADOKAWA/ 中経出版
松下佳代編著（2015）『ディープ・アクティブラーニング』勁草書房
松下佳代・石井英真編（2016）『アクティブラーニングの評価（アクティブラーニング・シリーズ）』（溝上慎一監修）東信堂
三浦孝（2014）『英語授業への人間形成的アプローチ—結び育てるコミュニケーションを教室に—』研究社
三浦宏和（2012）「音読指導の 10 パターン」<http://www.tos-land.net/teaching_plan/contents/9421>
溝上慎一（2014）『アクティブラーニングと教授学習パラダイムの転換』東信堂
溝上慎一（2015）「アクティブラーニング論から見たディープ・アクティブラーニング」松下佳代編著『ディープ・アクティブラーニング』勁草書房、pp.31-51.
溝上慎一（2018）『アクティブラーニング型授業の基本形と生徒の身体性（学びと成長の講和シリーズ）』東信堂
溝上慎一編（2016a）『高等学校におけるアクティブラーニング　理論編（アクティブラーニング・シリーズ）』（溝上慎一監修）東信堂
溝上慎一編（2016b）『高等学校におけるアクティブラーニング　事例編（アクティブラーニング・シリーズ）』（溝上慎一監修）東信堂
溝上慎一・成田秀夫編（2016）『アクティブラーニングとしての PBL と探究的な学習（アクティブラーニング・シリーズ）』東信堂
無藤隆（2015）「優れた教師の実践から学ぶアクティブ・ラーニングの在り方」教育課程研究会編著『「アクティブ・ラーニング」を考える』東洋館出版社、pp.20-25.
村上雅弘（2016）「調査学習（専門家が徹底解説　アクティブ・ラーニングの視点で授業づくり）」『授業力＆学級経営力』1 月号、pp.20-21.
村端五郎編著（2005）『幼少中の連携で楽しい英語の文字学習—10 年間の指導計画と 40 の活動事例—』明治図書
村松灯（2017a）「ICT 環境が整っていればやりやすいんだけど…（東京大学マナビラボ発　アクティブ・ラーニングもやもや相談室 5）」『英語教育』8 月号、p.43.
村松灯（2017b）「アクティブ・ラーニングで、大学入試を突破できるの？（東京大学マナビラボ発　アクティブ・ラーニングもやもや相談室 5）」『英語教育』12 月号、p.55.

村松灯（2018）「『静かな』アクティブ・ラーナー⁉：道徳の教科化から考える（東京大学マナビラボ発　アクティブ・ラーニングを一歩進める　マナビの理論5）」『英語教育』1月号、p.73.

茂住和世・足立尚子（2004）「クラス授業で行われる音読に対する教師の目的意識―外国人学習者に対する日本語教育現場での調査から―」『東京情報大学研究論集』Vol.8、No.1、pp.35-44.

森時彦（2008）『ファシリテーターの道具箱―組織の問題解決に使えるパワーツール49―』ダイヤモンド社

森朋子（2015）「反転授業―知識理解と連動したアクティブラーニングのための授業枠組み―」松下佳代編著『ディープ・アクティブラーニング』勁草書房、pp.52-57.

森朋子・溝上慎一編（2015）『アクティブラーニング型授業としての反転授業［理論編］』ナカニシヤ出版

森朋子・溝上慎一編（2017）『アクティブラーニング型授業としての反転授業［実践編］』ナカニシヤ出版

森口光輔著・片山紀子編（2016）『できてるつもりのアクティブラーニング』ミネルヴァ書房

安永悟・関田一彦・水野正朗編（2016）『アクティブラーニングの技法・授業デザイン（アクティブラーニング・シリーズ）』（溝上慎一監修）東信堂

柳沢民雄（2018）「アクティブ・ラーニングをどう考え、どう生かすか」『新英語教育』1月号、pp.7-9.

山内祐平「アクティブラーニングの理論と実践」永田敬・林一雅編（2016）『アクティブ・ラーニングのデザイン―東京大学の新しい教養教育―』東京大学出版

山田智久（2016）「日本語教師を取り巻くテクノロジーの変遷」吉岡英幸・本田弘之編『日本語教材研究の視点』くろしお出版、pp.174-194.

山田智久（2017）『ICTの活用［第2版］（日本語教師のためのTIPS 77　第2巻）』くろしお出版

山辺恵理子（2017a）「『ただの活動』で終わらせないための『振り返り』（東京大学マナビラボ発　アクティブ・ラーニングを一歩進める　マナビの理論1）」『英語教育』5月号、p.54.

山辺恵理子（2017b）「予定していたスケジュール通りに授業が進まない…（東京大学マナビラボ発　アクティブ・ラーニングもやもや相談室2）」『英語教育』6月号、p.71.

山辺恵理子（2017c）「『グローバル社会』だからこそ『探究』を重視する国際バカロレア（東京大学マナビラボ発　アクティブ・ラーニングを一歩進める　マナビの理論2)」『英語教育』7月号、p.40.

山本崇雄（2015）『はじめてのアクティブ・ラーニング！英語授業』学陽書房
山本崇雄（2016a）『なぜ「教えない授業」が学力を伸ばすのか』日経BP社
山本崇雄（2016b）『使えるフレーズ満載！All Englishでできるアクティブ・ラーニングの英語授業』学陽書房
山本崇雄（2016c）「教科書を用いた授業とアクティブ・ラーニング」『英語教育』8月号、pp.17-19.
山本崇雄（2017）『「教えない授業」から生まれた　英語教科書　魔法のレシピ』三省堂

横溝紳一郎（1992）「クラスで使う英語―学習者の母語をどの程度用いるか―」『月刊日本語』9月号、pp.13-15.
横溝紳一郎（1997）『ドリルの鉄人―コミュニカティブなドリルからロールプレイへ―』アルク
横溝紳一郎（2000）『日本語教師のためのアクション・リサーチ』凡人社
横溝紳一郎（2011）『クラスルーム運営（日本語教師のためのTIPS 77　第1巻）』くろしお出版
横溝紳一郎（2014a）「優れた教師からの学びを、自分自身の実践にどう活かすのか―上級学習者への発音指導で、授業と家庭学習のつながりを求めて―」『言語教育実践イマ×ココ』第2号、pp.101-102.
横溝紳一郎（2014b）『今さら聞けない…日本語教師塾　日本語教師の役割＝「やる気」を引き出す！（DVD）』凡人社
横溝紳一郎・大津由紀雄・柳瀬陽介・田尻悟郎（2010）『生徒の心に火をつける―英語教師田尻悟郎の挑戦―』教育出版
吉田新一郎（2006）『効果10倍の〈教える〉技術―授業から企業研修まで―』PHP新書
若松俊介著・片山紀子編著（2017）『「深い学び」を支える学級はコーチングでつくる』ミネルヴァ書房
渡辺直登・久村恵子（1999）『メンター／メンタリング入門』プレスタイム
渡邉優子（2018）「ディスカッションやディベートをするには生徒の英語力が…（東京大学マナビラボ発　アクティブ・ラーニングもやもや相談室6（最終回））」『英語教育』2月号、p.50.
Bonwell, C. C., & Eison, J. A. (1991) *Active leaning: Creating excitement in the classroom.* Jossey-Bass.
Felder, R. M., & Brent, R. (2009) Active leaning: An introduction. *ASQ Higher Education Brief, 2*(4), 122-127.
Frey, C. B., & Osborne, M. A. (2013) The future of employment: How susceptible are jobs to computerisation?. *Oxford Martin Programme on Technology and Employment.* <https://www.oxfordmartin.ox.ac.uk/downloads/academic/future-of-employment.pdf>
Miura, A., & McGloin, N. H. (1994)『An Integrated Approach to Intermediate Japanese　中級の日本語』The Japan Times
Paulson, C. B. (1976) *Teaching English as a second language: Techniques and procedures.* Winthrop.
Thomas, J. W. (2000) *A review of research on project-based learning.* Autodesk.
Thornbury, S. (2001)『新しい英文法の学び方・教え方』（塩沢利雄訳）ピアソン・エデュケーション
Wiggins, G., & Mctighe, J. (2005) *Understanding by design (2nd Expanded Edition)*. Assn. for Supervision & Curriculum Development.

索　引

4

4技能の統合　166, 168

A

AI　279

C

Can-Do リスト　93, 94

D

Dropbox　177, 183, 194
DVD の視聴　125, 126

E

e-learning　179

G

Google スプレッドシート　177, 208, 213
Google ドライブ　183
Google フォーム　177, 215, 224, 259

I

Input for Output　164

J

JMOOC　228

L

LINE　189, 197, 269, 279

lino　177, 189, 222, 239
LMS（Learning Management System）　194
LTD（Learning Through Discussion）；話し合い学習法　181

M

MOOC　177, 179, 180, 182, 215, 228
Moodle　194

O

oTranscribe　178, 244
Overlapping　147

R

Read and Look Up　145

S

Shadowing　148
slack　177, 197
sli.do　177, 249
SurveyMonkey　178, 259

T

TPR（Total Physical Response）　169

Y

YouTube　177, 179, 234, 240

Z

Zoom　178, 264

あ

アクティブ・ラーニング型授業　35, 36

アクティブ・ラーニングを引き出す授業　35, 36, 39, 40
足場かけ　46
アチーブメント・テスト　116
アブラハム・マズロー　47
アルバート・バンデューラ　47
アンケート　259

い

意見差の原則　156, 157
意味的な練習　72, 78
インプット強化　60
インプット洪水　60
インプット処理指導　79, 81

え

演繹的アプローチ　63

お

教えない授業　67
音声指導　103, 106
音読　97, 129-131
オンライン会議　264

か

外化　4, 37
学習意欲　287, 288
拡張的学習　48
カルタ　117

き

キー・コンピテンシー　9, 10, 13
機械的な練習　72

机間巡視　135
帰納的アプローチ　63, 66
教科書本文の内容理解　96
教材　49, 51, 71, 81, 126, 177, 183, 188, 240, 271, 289, 293
教材共有　183
協同学習　172-174, 182

く

具体性　90, 92
クリッカー　249

け

原稿指導　103, 104

こ

構成主義的　22
コーチング　291
個人音読　133, 135
個別音読　133, 135
コミュニカティブな活動　72, 83
コンピテンシー　9

し

ジェローム・S・ブルーナー　47
自己関連性　90-92
自己研修型教師　293, 294
自己効力感　47
自己調整学習能力　287, 288
自己表現活動　87-90, 92
事実発問　154, 155
指名　75, 76, 101, 109
自由度　92

授業規律　37, 38
宿題　49, 51, 93, 177, 183, 188, 194, 223, 239
主体的・対話的で深い学び　5, 34, 39, 40, 48, 287
主体的な学び　24-26, 48, 288
証拠の原則　156, 157
ジョン・デューイ　46

す

推論発問　153, 155, 156
スピーチ　95, 103

せ

斉読　132, 133
全体発表　101, 102

た

態度目標　242
対話的な学び　24, 27, 28, 49

ち

知識基盤社会　8, 9, 16
挑戦性の原則　156, 158

て

ティーチング　291
ディスカッション　189
デイビッド・オースベル　47

な

内化　37
内省的実践家　293, 294

内容目標　242

に

日本語能力　287

の

能動性　32

は

パスワード　195
バックワード・デザイン　70
発見学習　47
発達の最近接領域　46
発表　4, 37, 49, 87, 98, 100, 101, 103, 108, 109, 111, 135, 168, 234, 244, 247
パフォーマンス評価　115
反転学習　176, 179, 181, 182, 227

ひ

ピア・レスポンス活動　127, 128
必然性　89, 92
表出型の練習　78, 82

ふ

フィードバック　76, 111
フォーカス・オン・フォーム　60, 79
深い学び　24, 28, 29, 31, 49
ふたコマ漫画　123
フラッシュ・カード　74
ブレーンストーミング　104, 105
ブレンディッドラーニング　179
文章完成タスク　125

文の指導（作文指導）　122

へ

ペア（グループ）による練習　97

ま

間違い探し　117, 120
マッピング　105

み

三つの柱　11-13

め

明確性の原則　156

も

文字起こし　244
文字の指導　117
モデルの提示　103, 104
問題解決学習法　46

ゆ

有意味受容学習　47
ユーリア・エンゲストローム　48

よ

欲求5段階説　47

ら

ラーニング・ピラミッド（活動別の学習定着率）　283-285

り

理解型の練習　78, 79
リフレクション・ペーパー　242, 291

る

ルーブリック　112, 115

れ

レフ・ヴィゴツキー　46

ろ

朗読　151
ロール・プレイ　95

わ

ワード・サーチ　117, 120

［著者紹介］

横溝紳一郎（よこみぞ・しんいちろう）
西南学院大学外国語学部教授
ハワイ大学大学院より修士（MA）および博士号（Ph.D.）取得。元日本語教育学会理事。日本語教師養成に加え、国内外での日本語教育・教師教育に関する講演／研修を行う一方で、在住地の福岡でさまざまな教育活動に積極的に関わっている。西南女学院大学優秀授業賞受賞（平成30年〜令和元年）。主な著書に『クラスルーム運営』（くろしお出版）、『日本語教師のためのアクション・リサーチ』（凡人社）、『教案の作り方編（日本語教師の7つ道具シリーズ＋（プラス））』（共著、アルク）、『成長する教師のための日本語教育ガイドブック［上・下］』（共著、ひつじ書房）、『生徒の心に火をつける―英語教師田尻悟郎の挑戦―』（共著、教育出版）等がある。

山田智久（やまだ・ともひさ）
西南学院大学外国語学部教授
ロンドン大学教育研究所より修士号（MA in Modern Languages in Education）、北海道大学より博士号（学術）取得。ロンドン大学東洋アフリカ学院ランゲージセンター、佐賀大学留学生センター、北海道大学高等教育推進機構を経て2021年より現職。研究領域は、教育工学、教師教育。研究活動の傍ら、日本語教師のICTリテラシー向上をめざした講演・研修活動にも積極的に関わっている。北海道大学エクセレント・ティーチャーズ（平成26〜30年度）。北海道大学教育総長賞受賞（平成29年、31年）。主な著書に『ICTの活用［第2版］』（くろしお出版）、『日本語教材研究の視点―新しい教材研究論の確立をめざして―』（共著、くろしお出版）等がある。

＊ 本書に関するご意見、ご感想をお寄せください。
　代表メールアドレス：active@9640.jp
　個人メールアドレス（横溝紳一郎）：0715321yah@gmail.com
　個人メールアドレス（山田智久）：bytes2403@gmail.com

日本語教師のためのアクティブ・ラーニング

発　行	2019年6月6日　初版第1刷発行	
	2021年4月3日　　　第3刷発行	
著　者	横溝紳一郎・山田智久	
発行人	岡野秀夫	
発行所	株式会社くろしお出版	
	〒102-0084　東京都千代田区二番町4-3	
	TEL: 03-6261-2867　FAX: 03-6261-2879	
	URL: http://www.9640.jp　e-mail: kurosio@9640.jp	
イラスト	須山奈津希（ぽるか）	
装丁デザイン	スズキアキヒロ	
印刷所	藤原印刷株式会社	

©Shinichiro YOKOMIZO, Tomohisa YAMADA　2019　Printed in Japan　ISBN 978-4-87424-802-7　C0081
● 乱丁・落丁はおとりかえいたします。本書の無断転載・複製を禁じます。

Yokomizo

アクティブ・ラーニング度チェックリスト

Yamada

本書で紹介した以下の視点から見て、皆さんの教室で「アクティブ・ラーニングを引き出す授業」がどのくらいできているかチェックしてみましょう。

YES…○　　?…△　　NO…×

視点1：学習者の学びが成立するように心がけているか		
	a.	どうしたら、学習者は学びやすいか。
	b.	どういうことばを使ったら、学習者は分かりやすいか。
	c.	どういう質問をしたら、学習者は考えやすいか。
	d.	どういうふうに接したら、学習者は受け入れてくれるか。
視点2：学習者の多様性に対応しているか		
	a.	やる気
	b.	年齢
	c.	学び方（学習スタイル／学習ストラテジー）
	d.	学習不安
	e.	母語能力
	f.	現在の日本語能力（レベル差）
	g.	学習習慣
	h.	学習動機／目的
視点3：適切な学習環境を提供できているか		
	a.	安心して学べる。
	b.	楽しく学べる。
	c.	協力して学べる。
	d.	お互いに讃え合い、祝い合い、ほめ合う。
視点4：学習者が主体的／積極的に学ぶ機会を提供できているか		
	a.	授業中に学ぶ。（動いたり、考えたり、体験したり）
	b.	授業外で学ぶ。（宿題など）